일 공부

일 공부

지은이 류랑도
펴낸이 임상진
펴낸곳 (주)넥서스

초판 1쇄 발행 2015년 2월 5일
초판 10쇄 발행 2021년 1월 20일

출판신고 1992년 4월 3일 제311-2002-2호
10880 경기도 파주시 지목로 5
Tel (02)330-5500 Fax (02)330-5555

ISBN 979-11-5752-254-5 13320

저자와 출판사의 허락 없이 내용의 일부를
인용하거나 발췌하는 것을 금합니다.

가격은 뒤표지에 있습니다.
잘못 만들어진 책은 구입처에서 바꾸어 드립니다.

www.nexusbook.com

일공부

어떻게 하면 일을 잘할 수 있을까

류랑도 지음

넥서스BIZ

프롤로그

일은 상품이다

일은 고객인 직장과 거래하는 상품이다

직장인들은 자신이 가진 노동력과 시간을 제공하고 직장이 요구하는 일을 한다. 그리고 그 일에 대한 대가로 보상을 받는다. 시장에서 공급자와 소비자가 '상품'이라는 매개체를 통해 서로 '거래'하듯이, 직장과 직장인은 '일'이라는 매개체를 통해 서로 '거래'를 한다. 그런 의미에서 직장은 공급과 수요가 일어나는 시장이라고 할 수 있고, 일은 직장인이 직장과 거래하고자 하는 상품이라고 할 수 있다.

시장에서 상품으로써의 가치를 결정하는 주체는 그 상품을 구매하는 고객이다. 일의 상품성 역시 일의 결과물을 구매하는 고객에 의해 결정된다. 이는 직장이 원하는 결과물을 만들어야 그 일이 상품으로써의 가치가 발생한다는 의미이다. 하지만 많은 직장인이 열심히 노력하다 보면 좋은 품질의 일을 만들어 낼 수 있다고 생각한다. 일은 '노력의 무게'가 아니다. 나의 고객이자 직장의 대리인인 상사가 원하는 '일의 결과물'로 증명해 보여야 한다. '노력의 무게'를 중심으로 일을 하다 보면 불필요한 업무를 하게 되고, 그러다 보면 일에 끌려다니게 된다. 일에 끌려다니지 않고 즐겁고 의미 있게 일하기 위해서는 일을 제대로 공부할 필요가 있다.

일에 끌려다니지 않는다는 것은 곧 일에 대한 개념을 제대로 알고, 일이 진행되는 프로세스를 단계별로 올바르게 실행할 수 있으며, 궁극적으로는 나의 고객인 상사가 원하는 일의 결과물을 지속적·반복적으로 창출할 수 있다는 의미이다. 일을 제대로 알고 한다는 의미는 상사가 원하는 '일의 결과물'이 무엇인지 명확하게 알고 상품성이 있는 일을 만들어 낸다는 것이다.

그렇다면 상품성 있는 일, 즉 고객이 인정하는 가치 있는 일을 하기 위해서는 어떻게 해야 할까? 경영학의 한 분야인 마케팅에서는 상품성을 갖추기 위해 소비자의 욕구를 충족시킬 수 있는 상품(Product)과 소비자의 구매 행위에 영향을 주는 사람(People), 상품이나 서비스를 제공하는 데 필요한 과정(Process)을 강조한다. 같은 논리로 직장과 상사의 욕구를 충족시킬 수 있는 일의 결과물(Product), 그 결과물을 만들어 가기 위한 업무 방식(Process), 이를 실행할 사람의 역량(People)이 좋아야 훌륭한 품질의 상품을 생산할 수 있다. 이 3P가 충족되지 못하면 일에 끌려다니게 되는 것이다.

일은 사람이 하는 것인데, 왜 일 때문에 사람이 스트레스 받고 힘들어 해야 하는 것일까? 나는 이 화두를 가지고 직장에서 이왕이면 행복하게 일하고 원하는 성과를 만들어 내는 방법이 무엇일까를 고민했다. 즉 사람이 일 때문에 스트레스 받고 일에 끌려다니는 것이 아니라, 사람이 일을 주도적으로 할 수 있는 방법이 무엇일까를 고민한 것이다. 직장생활 경험을 비롯하여 다양한 조직에서의 컨설팅과 현장 코칭 경험을 바탕으로 일 때문에 스트레스 받지 않고 즐겁게 일하면서, 동시에 조직에서 원하는 품질의 성과를 낼 수 있는 방법을 정리했다.

일을 제대로 해내는 것의 핵심은 두 가지이다. 일을 시킨 사람이 원하는 결과물을 사전에 제대로 파악하고, 원하는 시간에 끝내는 것! 이 간단하고도 복잡한 두 가지를 해결하면 일에 끌려다니지 않고 즐기면서 원하는 성과를 이끌어 낼 수 있다.

일에 끌려다니지 말라. 일을 움켜쥐고 주도적으로 실행하라. 그러려면 앞서 말했듯이 일을 제대로 공부해야 한다. 많은 직장인이 자기가 하고 있는 일을 잘 알고 있다고 생각하지만 자신의 역할과 책임을 명확하게 연간, 월간 단위로 표현해 보라고 하면 대부분 머뭇거린다. 직장에서 자신에게 요구하는 역할과 책임을 연간, 반기, 분기, 월간 단위로 명확하게 아는 것은 매우 중요하다. 역할 수행을 제대로 하기 위한 프로세스를 파악하고 목표와 전략을 제대로 수립하여 실행해야 원하는 성과를, 원하는 시점에 얻을 수 있다.

　직장에서는 성과로 자신의 가치를 증명하고 일의 주도권을 잡아야 한다. 주변 환경이나 여건이 받쳐 주지 않는다고 해서 실망하거나 불평하지 말라. 환경과 여건은 목표와 전략을 세울 때 이미 감안되기 때문에 원하는 성과에 결정적인 영향을 미치는 것은 바로 목표의 가시성과 전략의 정확성 문제이다.

　그동안 일 때문에 고민이 많았다면 이 책을 통해 자신의 일을 주도하는 방법을 확실히 공부하여 자신있게 성과를 내고 자신의 가치를 인정받기 바란다.

안국동에서
류랑도

Contents

| 프롤로그 | 일은 상품이다   004
| 체크리스트 | 나는 제대로 일하고 있는가   010

PART 1
왜 일에 끌려다니는가

| 진단 01 직장을 직장으로만 생각한다   018
| 진단 02 고객과 거래할 상품을 모른다   024
| 진단 03 일에 대한 간절함이 부족하다   029
| 진단 04 눈앞의 현실에만 연연한다   035
| 진단 05 악보 없이 곡을 연주한다   042
| 진단 06 현장에 있는 답을 모른다   047
| 진단 07 전략 없이 실행부터 한다   053
| 진단 08 상사가 시켜야 움직인다   060
| 진단 09 역량보다 능력을 내세운다   067
| 진단 10 업무 소통에 트라우마가 있다   072

PART 2
어떻게 제대로 일하는가

처방 01 상품을 그려라
01 해야 할 일을 파악하라 **085**
02 일의 목적지를 정하라 **097**
03 결과물의 조감도를 그려라 **107**
04 집중해야 할 핵심 변수를 선택하라 **118**
05 상사의 코칭을 요청하라 **131**

처방 02 실행을 나눠라
01 선행 과정 목표를 찾아라 **145**
02 목표를 주기별로 세분화하라 **156**
03 변수별 실행 방법을 수립하라 **170**
04 스케치 페이퍼를 위임받아라 **179**
05 통제 가능한 플랜 B를 준비하라 **190**

처방 03 품질을 논하라
01 데이터로 GAP을 분석하라 **199**
02 대상별 만회 대책을 수립하라 **213**
03 필요 역량을 개발하라 **224**
04 상사에게 자질 평가를 받아라 **237**

| 에필로그 | 당연한 일을 철저하게 하라 **253**

 나는 제대로 일하고 있는가

✔ 자가 진단
아래 문항을 읽고 자신이 해당되는 곳에 ○표를 하고 총점을 구하세요.

역할 행동 사례	매우 아니다 1점	아니다 2점	보통이다 3점	그렇다 4점	매우 그렇다 5점
1	내가 직장에 기여해야 할 가치가 무엇인지 알고 있다.					
2	상사가 지시한 일을 정확하게 이해하고 일을 시작한다.					
3	일에 대한 간절함이 무엇인지 알고 실천하고 있다.					
4	현재 받고 있는 연봉 이상의 일을 하고 있다.					
5	내가 수행한 일의 완성도가 전반적으로 높은 편이다.					
6	매너리즘의 위험성과 극복 방법을 알고 있다.					
7	근무 시간 동안 몰입하여 일한다.					
8	성과가 나쁘면 결과에 대한 보상은 기대하지 않는 편이다.					
9	작은 일 하나에도 정성을 다하는 편이다.					
10	항상 나의 가치를 높이려고 노력하는 편이다.					
11	목표가 달성된 상태의 구체적인 모습을 알고 있다.					
12	내가 맡은 일과 관련된 데이터를 정확하게 파악하고 있다.					
13	일이 힘들어도 일의 결과를 생각하며 동료들과 함께 즐겁게 일한다.					
14	한정된 자원을 중요한 일에 먼저 사용하는 편이다.					

Warming Up

15	현장 데이터를 활용하여 전략과 실행에 반영한다.					
16	조직과 함께 성장하는 것을 중요하게 여긴다.					
17	내가 하는 일은 목표 달성과 관련된 일이다.					
18	현장의 데이터에서 내가 해야 하는 일의 목적을 분명하게 밝힐 수 있다.					
19	일의 양보다는 질로 승부한다.					
20	상사가 지시하지 않아도 일을 찾아서 하는 편이다.					
21	역량과 능력의 차이를 알고 있으며 설명할 수 있다.					
22	상사가 듣고 싶은 말이 무엇인지 고려하여 소통한다.					
23	일의 우선순위를 고려하여 계획하고 일한다.					
24	상사를 내가 만족시켜야 할 제1의 고객으로 인정한다.					
25	능력보다 역량이 중요한 시대가 되었다고 생각한다.					
26	모르는 것이 있으면 부끄러워하지 않고 질문한다.					
27	일을 시작하기 전에 전략과 실행 방법을 먼저 세운다.					
28	상사는 나를 믿고 신뢰하며, 일의 실행 방법에 대한 의사결정권을 위임해 주는 편이다.					
29	역량을 기르기 위해 올바르게 일하는 습관을 실천한다.					
30	상사와 원활하게 소통하고 있는 편이다.					

✔ 자가 진단 결과 산정

1. '매우 그렇다'는 5점, '그렇다'는 4점, '보통이다'는 3점, '아니다'는 2점, '매우 아니다'는 1점으로 채점하세요.
2. 진단 유형별로 제시된 문항 번호에 맞게 점수를 기재한 후에 합산해 보세요. 진단 유형별로 3개 문항씩 더해서 나온 점수(15점 만점)가 당신이 제대로 일을 하고 있는가에 대한 수준을 알려 주는 기준입니다.

구분	문항 번호			진단 유형별 총점
진단 01	1	4	7	( )/15
진단 02	2	5	8	( )/15
진단 03	3	6	9	( )/15
진단 04	10	13	16	( )/15
진단 05	11	14	17	( )/15
진단 06	12	15	18	( )/15
진단 07	19	23	27	( )/15
진단 08	20	24	28	( )/15
진단 09	21	25	29	( )/15
진단 10	22	26	30	( )/15

✓ 자가 진단 결과 해석

진단 1부터 10까지 유형별로 자신이 어떠한 수준인지 확인해 보세요.

• 12점 이상

총점 15점 가운데 12점 이상을 받았다면 당신은 일을 주도적으로 완수해 낼 줄 아는 인재입니다. 조직에 기여하기 위해 자신이 어떠한 역할을 해야 하는지 이해하는 수준이 높습니다. 현재의 수준에 만족하지 말고 이후에 더욱 뛰어난 성과 목표에 도전하기 위해 준비하면서 긍정적인 영향력을 다른 사람들에게 미칠 수 있도록 솔선수범하는 것이 바람직합니다.

• 7점 이상~12점 미만

전반적으로 조직에서 요구하는 조건을 충족하고 있으나, 보통 수준 정도로 일을 해내고 있기 때문에 자신의 노력 대비 결과가 만족스럽지 않으면 쉽게 무기력해지고 스트레스를 받게 됩니다. 자신이 창출해야 할 성과와 수행해야 할 업무에 관해서는 누가 보든 보지 않든 최고의 성과를 내겠다는 마음가짐으로 정진하고, 아울러 부족한 점에 대해서는 중도에 포기하지 않고 끝까지 자기를 단련시키고 자기 완결적으로 업무를 완수해 내는 노력이 필요합니다.

• 6점 이하

전체적으로 자신이 왜 일을 하고 있는지, 조직 내에서 자신에게 요구하는 역할이나 책임이 무엇인지를 다시 한 번 생각해 봐야 합니다. 이 일에 치이고 저 일에 밟히다 보면 일에 끌려다니고, 쉽게 지치게 됩니다. 모든 일에는 순서가 있습니다. 복잡한 상황 속에서 일을 놓치지 않고 한정된 자원으로 신속하게 수행하기 위해서는 일에 대한 프로세스를 완벽하게 이해해야 합니다. 일정 기간 동안 일하는 방식을 혁신하기 위한 프로세스를 반복적으로 연습하면서 능숙하게 일을 완성된 상품으로 만드는 노력이 필요합니다.

- 진단 01 직장을 직장으로만 생각한다
- 진단 02 고객과 거래할 상품을 모른다
- 진단 03 일에 대한 간절함이 부족하다
- 진단 04 눈앞의 현실에만 연연한다
- 진단 05 악보 없이 곡을 연주한다
- 진단 06 현장에 있는 답을 모른다
- 진단 07 전략 없이 실행부터 한다
- 진단 08 상사가 시켜야 움직인다
- 진단 09 역량보다 능력을 내세운다
- 진단 10 업무 소통에 트라우마가 있다

PART **1**

왜 일에
끌려다니는가

Commercialize Your Work

Commercialize Your Work ───────────────────

 앞서 자가 진단을 한 결과를 바탕으로 자신이 일을 제대로 하고 있는지, 아니면 일에 끌려다니고 있는지 파악했을 것이다. 만약 일을 제대로 하고 있다는 결론을 얻었다면, PART1을 건너뛰고 PART2로 넘어가 자신에게 도움이 될 만한 방법론을 골라서 사용해도 좋다. 당신은 효율적인 자원 투입과 정확한 납기일에 맞춰 상사가 만족할 만한 품질 좋은 일을 해내고 있는 것이다. 직장은 앞으로도 계속해서 당신과 거래하고 싶어 할 것이고, 기꺼이 더 높은 대가를 치르려고도 할 것이다.
 하지만 일에 끌려다니고 있다는 결론을 얻었다면, 당신은 지금까지 직장에서 원하는 일을 제대로 하지 못한 것이다. 다른 사람들보다 야근도 많이 하며 더 열심히 일했는데도 좋은 평가를 받지 못했다면 상사나 직장에 불평불만을 늘어놓을 것이 아니라 스스로를 되돌아 볼 필요가 있다.
 일은 직장의 대리인, 즉 상사로부터 연간, 반기, 분기, 월간, 주간 단위 그리고 프로젝트 단위로 전달받아 처리하게 된다. 일을 통해 직접적으로 만족시켜야 할 사람은 상사이다. 상사가 원하는 품질로 납품을 해야 납품 대금으로 월급을 받을 수 있다. 당신이 계속해서 일을 하고 싶다면, 상사가 지속적으로 당신에게 일을 시킬 수 있도록 만드는 것이 중요하다. 그러려면 상사가 원하는 일의 결과물을 꾸준하게, 한결같이 만들어 내는 역량을 갖추어야 한다.

일에 끌려다닐수록 일의 결과물은 상품성이 부족해진다. 상품성이 부족하면 고객은 거래를 원하지 않을 것이다. 고객은 아무리 저렴한 가격의 상품이라 해도 마음에 들지 않거나 필요하지 않으면 절대 구매하지 않는다. 서로가 교환을 원하는 수준이 아니기 때문에 거래가 일어나지 않는 것이다.

시장에서 팔릴 수 있는 물건을 만들어야 직장이 생존할 수 있듯이 직장인들도 직장이 대가를 지급하고 구매하기를 원하는, 상품성 있는 결과물을 만들어야 한다. 주어진 일을 하고 그 일의 결과에 맞게 떳떳하게 경제적인 대가를 받을 수 있도록 해야 한다.

그러기 위해서는 스스로에게 "왜 일에 끌려다니는가?"라는 질문을 던져 본인이 일에 끌려다녀야 했던 원인을 구체적으로 진단해 보고, 왜 그렇게 행동했는가를 올바르게 인식하는 자세가 필요하다.

진단 01

직장을 직장으로만 생각한다

직장은 시장이다

우리는 무엇을 위해 아침마다 출근을 하는 것일까. 어떤 목적 때문에 하루의 절반 가까이를 직장에서 보내는 것일까. 직장인들의 유형은 대략 세 가지로 구분된다.

- 먹고살기 위한 든든한 '밥줄'로써 직장을 선택하는 보수지향적인 사람
- 자신이 이 사회에 기여하고자 하는 가치를 위해 직장을 선택하는 사명지향적인 사람
- 자신의 자아를 실현할 수 있는 직장을 선택하는 자아지향적인 사람

저마다 어떤 이유로 현재의 직장을 선택했는지 모르겠지만 일을 수행한 결과로 보수가 지급되어야 생활을 할 수 있다. 때문에 직장을 선택하

는 중요한 기준 중의 하나는 바로 경제적 보수이다. 먹고살기 위한 방편으로 직장을 선택하는 것은 생존을 위한 당연한 행동이다. 그것을 비난해서는 안 된다. 다만 먹고사는 것은 결과이기 때문에 그 이전에 무엇을 위해 직장을 선택했고, 어떻게 직장생활을 하고 있는지 직장의 본질에 대해 생각해 본다면 직장이라는 곳이 우리에게 어떤 의미인지 깨달을 수 있을 것이다.

직장은 분명한 목적이 있는 2차 집단이다. 그 목적을 이루기 위해 함께 노력한 직장인들은 그 대가로 직장으로부터 경제적 보수를 받는다. 시장에서 공급자와 수요자가 거래를 하는 것과 같은 메커니즘이다. 시장에서 공급자와 소비자는 '상품'이라는 매개체를 통해 서로 '거래'를 한다. 이때, 거래의 기본 조건은 공급자가 생산한 상품이 고객을 만족시킬 수 있는 가치가 있어야 한다는 것이다. 수요자는 자신이 지닌 돈과 상품을 교환하기 때문이다.

시장에서 '상품'이라는 매개체를 두고 공급자와 수요자가 존재하듯이, 직장과 직장인은 '일'이라는 매개체를 통해 서로 거래를 한다. 직장의 CEO는 혼자서 모든 일을 해결할 수 없다. 그래서 생산, 영업, 관리, 연구개발 등 각 분야별로 일을 대신해 줄 사람을 고용하고 임금을 지급하는 대가로 성과를 요구한다.

직장에서 일을 한다는 것은 직장인 입장에서는 일에 대한 대가로 임금이나 승진 등과 같은 가치를 얻는 것이고, 직장 입장에서는 지불한 대가만큼 일의 성과를 얻는 것이다. 즉 직장은 직장인의 고객이 되고, 직장인은 직장의 고객이 되어 지속적으로 서로의 가치를 창조하며 교환한다. 지금 당신이 근무하는 직장과 당신도 서로의 가치를 교환하는 거래 관계인 셈이다. 당신은 이력서와 면접을 통해 자신이 가진 능력과 역량을 직장에 보여 주었고, 직장은 당신이 제공하게 될 미래의 성과를 기대하고 채용했을 것이다. 이른바 거래 관계가 공식적으로 성립한 것이다.

만약 직장과 직장인 중에 어느 한쪽이 불만족하게 되면 어떻게 될까. 당연히 그 거래는 흔들리기 시작한다. 직장은 자신이 제공한 경제적 가치에 부합하는 노동력의 가치를 얻지 못한다고 생각하면 직장인에게 승진 누락이나 권고사직 등을 행한다. 직장인 역시 직장으로부터 자신이 원하는 대가를 받지 못한다고 생각하면, 자신을 만족시켜 줄 수 있는 새로운 직장을 찾는다.

서로가 만족할 수 있도록 자신이 제공하는 가치를 상대방이 원하는 기대 수준으로 제공해야 거래가 지속될 수 있다. 직장은 직장인이 원하는 연봉 수준과 근무 환경, 비전 있는 미래 등의 유인 조건을 제공해야 한다. 마찬가지로 직장인은 자신이 원하는 수준의 유인 조건을 향유하기 위해 스스로 그만큼 역량을 발휘하고 목표를 달성하는 등 직장이 원하는 공헌 조건인 성과를 창출할 수 있어야 한다.

그런데 문제는 이러한 거래 조건을 무시하고 직장에 자신이 받고 싶은 가치만을 강요하는 직장인이 점점 늘어나고 있다는 것이다. 이 문제는 IMF 외환위기 이후인 10여 년 전부터 더욱 심각해졌다. 2000년대에 들어서면서 시장은 공급 과잉 형태로 변해 가고, 인터넷의 진화로 인해 고객들의 정보 접근성이 높아지면서 요구 사항이 까다로워졌다. 또한 경제 성장률이 지속적으로 하락하면서 전체적인 일자리가 줄어들었다. 직장생활을 통해 경제적인 수입을 원하는 사람은 많아지고 있는데, 자리는 그만큼 늘어나지 않고 있다.

그러다 보니 상대적으로 취업의 문턱이나 직장에서 자리 보존의 조건이 높아지면서 경쟁해야 할 사람이 더욱 많아지고 있어 직장 문턱은 과거에 비해 상당히 높아졌다. 많은 신입사원이 짧게는 1년, 길게는 그보다 몇 배나 더 긴 시간 동안 치열한 취업 시장에서 경쟁하다가 어렵게 직장 문턱을 넘으면 모든 것이 끝났다고 생각한다. 이때 그동안 죽도록 공부해서 직장에 들어왔으니, 자신이 힘들었던 시간에 대한 보상을 받고 싶다는 이기심이 생기기 쉽다.

하지만 직장과 직장인 사이의 거래 시점은 과거가 아니다. 과거에 얼마나 많은 노력을 했느냐는 직장에서 중요한 것이 아니다. 직장에서 직장인에게 요구하는 것은 분명하다. 직장에서 원하는 만큼의 일을 해 주고 결과를 보여 달라는 것이다.

사람은 누구나 인정받고, 존중받고 싶어 한다. 그런데 인정을 받으려면 내가 받은 만큼 줄 수 있어야 한다. 아니, 상대방의 관점에서는 내가 받은 것(take) 이상을 줄 수 있어야 한다. 그런데 사람들의 계산법을 보면 받아야 할 것은 계산을 잘하는데, 주어야 할 것(give)은 엉성하게 계산하는 경우가 많다. 내가 받아야 할 연봉은 명확하게 알고 있지만 직장에 주어야 할 것을 수치화하라고 하면 잘 하지 못한다. 시장의 논리가 머릿속에 전혀 없는 것이다.

직장에서 통용될 수 있는 가치를 교환한다는 말은 '내 몸값에 걸맞은 밥값을 하고 있는가.'에 대한 답과도 같다. 과연 우리는 몸값에 맞는 밥값을 하고 있는가? 자신의 밥값은 하지 않으면서 불평불만에 가득 차 요구하기만 하지는 않는가? 자신은 교환할 것도 없으면서 대가부터 원하지는 않았는지 곰곰이 생각해 보라.

만약 자신은 늦은 시간까지 야근도 하며 열심히 일하는데 직장에서 대우를 제대로 해 주지 않아서 불만이라면, 직장에서 원하는 성과를 자신이 충족시키지 못했기 때문은 아닌지 생각해 볼 필요가 있다. 거래는 서로가 요구하는 가치가 맞아떨어져야 일어나기 때문이다.

혹시 당신이 직장에서 원하는 가치를 창출했음에도 불구하고 제대로 된 대우를 받고 있지 못하다면 새로운 직장을 찾아 떠나는 것이 바람직하다. 하지만 그동안 수많은 기업과 기관을 지켜보면서 느낀 점은 직장에서 원하는 가치를 창출했는데도 대우를 받지 못하는 직장인은 극히 드물다는 것이다. 반면 직장이 원하는 가치를 창출하지 못하면서 불평불만만 늘어놓는 직장인은 절대적으로 많았다.

직장에서 근무하는 동안의 시간은 개인 시간이 아니다. 직장에서 원하는 가치를 창출해야 하는 시간이다. 직장에서는 성과 창출을 기대하며 근로계약서를 작성할 때 연봉으로 당신의 시간을 샀다. 이러한 사실은 잊은 채 근무 시간에 필요 이상으로 휴대폰을 사용하고, 온갖 인터넷 뉴스를 살펴보는 사람이 많다. 직장에서의 시간은 중요하지 않은 일들로 보내 놓고선 퇴근이 조금이라고 늦어지면 불만을 드러내는 사람들을 보면 매우 안타깝다.

'사즉생 생즉사(死卽生 生卽死)'라는 말을 들어본 적이 있을 것이다. 임진왜란 당시 이순신 장군이 부하들에게 한 말이다. 전쟁터에서 적군과 싸울 때 살고자 하면 죽고, 죽고자 하면 산다고 했다. 직장도 마찬가지이다. 먹고살기 위한 수단으로 직장을 다니면 견디기 힘든 지옥과 다를 바 없다. 하지만 자신이 추구하는 가치 있는 일을 한다는 목적이 있다면 직장은 자신의 역량을 힘껏 발휘할 수 있고 가치를 실현할 수 있는 놀이터가 된다.

진단 02

고객과 거래할 상품을 모른다

상사의 기준이 상품의 기준이다

기업이 상품을 만들어 소비자들에게 팔려고 할 때 수많은 경쟁자를 만나게 된다. 경쟁에서의 최종 승자는 상품을 구매하는 고객의 선택에 달려 있다. 기업이 상품을 만들어 고객을 통해 매출을 일으키고 영업 이익을 창출하려면 고객이 원하는 상품을 제대로 공급할 수 있어야 한다. 기업이 10년 동안 심혈을 기울여 개발한 신상품이라 해도 고객이 원하는 수준의 품질이나 가격에 맞지 않다면 거래는 일어나지 않는다. 고객이 필요로 해야 하고 고객을 만족시킬 수 있는 상품인가가 가장 중요하다.

기업이 시장에서 상품으로 고객과 거래하는 과정은 직장에서도 유사하게 적용된다. 기업이 상품을 만들어 시장에 내놓듯, 직장인은 직장에서 일을 통해 결과물을 만들어 낸다. 그리고 상품이 마음에 들어야 고객이 구매하듯, 일의 결과물이 고객, 즉 그 일을 시킨 상사의 마음에 들어야 마무리가 된다. 만약 일을 했는데 상사가 만족하지 못한다면 상사가 만족할 때까지 그 일을 계속해서 해내야만 한다.

시장에서 소비자를 만족시키지 못하는 상품은 결국 퇴출되고 만다. 이는 곧 기업의 생존과 직결된다. 마찬가지로 고객(상사)이 만족하지 못하는 일의 결과물은 받아들여지지 않는다. 그것은 곧 그 일을 수행한 직장인의 직장생활 여부에 결정적인 영향을 미친다. 하지만 문제는 직장에서 상사를 만족시키는 일을 하지 못하는 것이 기업이 시장에서 고객으로부터 상품을 외면받는 상황과 같다는 심각성을 간과하고 있다는 점이다.

거래 관계에서 고객의 구매 행동을 유도하기 위한 가장 기본적이고 중요한 조건이 바로 '상품'이다. 상품 자체가 만족스러워야 고객이 대가를 지불하고 상품을 구입한다. 마찬가지로 직장에서 자신이 만들어 놓은 일이 상품으로써 만족스럽지 않다면 자신과 직장 간의 거래 관계는 유지되기 어렵다.

일반적으로 일의 결과물이 가치 있는 상품이 되지 못하는 가장 큰 원인은 일을 통해 창출하고자 하는 '상품'을 제대로 모르기 때문이다. 일을 통해 창출하고자 하는 '상품'은 곧 그 일의 '성과'이다. 성과란, '성공적인 결과'의 준말이다. 한자어 '成果'를 풀어 보면 '완성된 결과물' 혹은 '기대하는 결과물', 좀 더 정확하게 표현하면 '고객이 원하는 결과물'이다. 성과를 의미하는 영어 단어 'Performance'를 파자해 보면 'per'는 기준이라는 의미이고, 'form'은 완성된 형태, 접미사 'ance'는 상태나 행동을 의미한다. 그래서 'Performance'는 '완성된 형태에 대한 기준'이라는 의미를 가진다. 제품이 완성되었을 때 가져야 할 품질 기준처럼 업무가 완료되었을 때 그 결과가 가져야 할 '업무 품질 기준'인 것이다.

직장에서는 상사가 나의 고객이다. 그러므로 직장 안에서의 성과를 한마디로 정의하면 '정해진 기간 동안 이루어 내야 하는, 상사가 원하는 결과물'이다. 내가 생산해야 할 상품은 '정해진 일정까지 상사를 만족시키기 위해 완료해야 할 업무 수행의 결과물'이다. 따라서 상사가 원하는 성과를 만들기 위해서는 일의 결과물 자체가 좋아야 하고, 원가가 적게 들며 정해진 납기에 맞춰 상사가 만족하는 서비스를 제공하는 일련의 모든 과정이 포함되어 있다고 볼 수 있다.

그런데 많은 직장인이 '내가 일을 얼마만큼 하겠다.'라는 것만을 중요하게 생각한다. 이는 실적을 성과와 혼동하여 이해하고 있기 때문이다. 성과에서 중요한 기준은 '나의 노력'이 아니라 '상사의 만족'이다. 성과로 인정받으려면 '상사가 원하는 대로 했느냐.'를 기준으로 삼아야 한다.

하지만 실적에서는 그 기준이 바뀐다. 실적이란 자신이 맡고 있는 업무를 얼마만큼 노력하여 수행했는가를 계량화한 것이다. 즉 자신이 맡고 있는 일을 얼마나 열심히 실행했는지 업무량을 나타낸 것으로, 실적에서의 기준은 업무 수행의 주체이자 공급자인 '자신'이 되는 것이다.

영업사원의 실적과 성과를 비교해 보면 좀 더 이해하기 쉽다. 영업사원이 자신이 영업 활동을 얼마나 열심히 했는지를 보여 주기 위한 실적 기준으로는 고객 방문 횟수, 대리점 방문 횟수, 고객 제안 횟수, 이메일 정보 제공 건수, 외근 시간 등이 있다. 영업사원이 자신이 투입한 노력에 대한 양을 늘리기 위해 고객 방문 횟수나 온라인 홍보를 늘리는 데에만 혈안이 되어 있다면 어떻게 될까. 잠재 고객이 아님에도 불구하고 무리하게 방문하거나 전화를 걸어 상대방을 불쾌하게 만들 가능성도 있다.

영업사원의 고객인 상사는 그 영업사원이 무턱대고 이리저리 뛰어다니고 스팸성 이메일 홍보를 남발하는 것과 같은 업무 실적을 원하지 않을 것이다. 영업을 통해 회사의 상품을 구매하는 고객의 수를 늘리고 팀의 매출액을 높이는 성과를 원했을 것이다. 따라서 그 영업사원은 영업을 통해 상사를 만족시키기 위한 업무 기준을 신규 고객의 수나 신규 판매의 매출액으로 설정해야 상사의 궁극적인 요구 사항을 충족시킬 수 있다. 그것이 곧 고객이 원하는 결과물인 성과이다.

일을 할 때 고객의 기준으로 일하지 않고 자신의 기준으로 일을 하려는 현상은 직장에서도 흔히 일어나고 있다. 많은 직장인이 자신이 이번 달 혹은 이번 주에 무슨 일을 해야 하는지 업무 추진 계획을 세운다. 하지만 그 업무 추진 계획의 목표가 정확하게 상사가 원하는 결과물인지, 그렇지 않은지에 대해서는 잘 알지 못한다.

일반적인 주간 업무 계획의 내용을 살펴보면 대부분 이번 주에 한 일과 다음 주에 해야 할 일을 일정별로 나열해 놓지만 이번 주에 최종적으로 내놓아야 할 결과물이 무엇인지는 명확하게 명시하지 않는다. 한마디로 상사와 거래하고자 자신이 내놓는 일의 결과물이 상품으로서 가치가 있는지를 고민하지 않은 채 일을 한다는 것이다.

일은 자신이 직장과 거래하는 상품이다. 직장에 다니면서 자신이 한 일들이 자신의 상사를 위한 상품이라는 생각을 진지하게 해 보아야 한다는 의미이다. 일을 하는 방법을 고민하고 전략을 세우는 일은 자신의 몫이지만 상품인 결과물의 기준을 결정하는 것은 일을 의뢰한 고객인 상사의 몫이다.

일에 끌려다니지 않으려면 자신이 일을 통해 만들어 내야 할 결과물이 무엇인지부터 알아야 한다. 일을 하면서 우리는 많은 고민을 하고, 노력을 하고, 고생을 한다. 사람은 누구나 자신이 열심히 노력한 인풋(input)에 대해 당연하게 인정받고 보상받길 원한다. 하지만 이것이 고객이 원하는 결과로 이어지지 않으면 아무 소용이 없다.

당신이 투입한 노력은 인정하지만 결과물이 제대로 나오지 않으면 성과로 인정받기 어렵다. 상사가 원하는 결과물이 아닌데도 자신이 열심히 했으니 인정해 달라고 하는 것은 고객에게 자신의 이익을 위해 원치 않는 물건을 강매시키는 것과 같다. 직장의 본질은 시장이기 때문에 거래가 성립되기 위해서는 고객이 원하는 가치가 교환될 수 있어야 한다.

일을 할 때에는 완벽한 상품으로써의 결과물을 내놓을 준비가 되어 있어야 한다. 그러기 위해서는 일을 발주한 고객인 상사의 입장이 되어 볼 필요가 있다. '내 입장에서 무슨 일을 할까?'만 고민하지 말고 '나의 상사는 어떤 결과물을 원할까?'를 고민해야 한다.

그리고 고민하는 것에서 끝나지 말고 반드시 자신이 생각할 때 상사가 원하는 결과물이 이것이다 싶으면 일을 하기 전에 상사에게 확인해 보아야 나중에 두 번 일하지 않는다. 얼마나 노력했는지를 보여 주기 위해 일하지 말고 이 일을 하고자 하는 목적이 무엇인지, 그 일이 상사가 원하는 것인지를 고민해야 확실한 성과를 얻을 수 있다.

진단 03

일에 대한 간절함이 부족하다

간절함은 생존 본능이다

《주역》에 '궁즉통(窮則通)'이란 말이 나온다. '궁즉통'은 주역의 기본 원리인 '궁즉변(窮卽變) 변즉통(變卽通) 통즉구(通卽久)'를 요약한 말로, '궁(窮)하면 변(變)하고, 변(變)하면 통(通)한다.'라는 뜻이다. 즉 어떠한 일을 이루기(通) 위해서는 궁(窮)해야 한다는 말이다.

여기서 '궁(窮)'의 의미는 무엇일까? 극에 다다른 상태, 궁구(窮究)하다, 최선을 다하다 등 사람에 따라 그 의미를 다르게 해석하지만 나는 '궁(窮)'의 의미가 '간절함'에 가장 가깝다고 생각한다. 궁하지 않으면 간절함이 절대로 생기지 않는다.

일본의 가라테 고수인 키로와 선승이 함께 길을 걷다가 여우가 토끼를 쫓고 있는 모습을 보게 되었다. 그 모습을 본 키로가 선승에게 물었다.
"둘 중에 누가 이길까요?"
"옛말에 따르면 토끼란다."
키로는 고개를 갸우뚱하며 반문했다.
"하지만 여우가 훨씬 빠르잖아요."
"그래도 토끼는 도망칠 수 있을 거란다."
"왜 그렇게 확신하시죠?"
"왜냐하면 여우는 저녁거리를 위해 뛰고 있지만, 토끼는 자신의 생명을 위해 뛰고 있기 때문이지."

  선승이 토끼가 도망치게 될 거라고 확신한 이유는 토끼에게서 여우에게는 없는 '간절함'을 보았기 때문이다. 배고픔을 달래기 위해 뛰는 것과 생명을 위해 뛰는 것의 간절함은 차원이 다르다. 여기서 우리가 생각해 봐야 할 점은 살고자 간절하게 뛰었던 토끼처럼 나는 과연 내가 맡은 업무를 절실하게 대하고 있느냐 하는 것이다.
  직장생활을 짧게 했든, 길게 했든 지난 시간을 돌이켜 보면 누구나 한 번쯤은 무엇인가를 이루어 내기 위해 간절함을 가졌던 경험이 있을 것이다. 그런데 그런 간절함을 잊고 사는 직장인이 너무나 많다. 오로지 승진이나 연봉에 대한 갈증과 욕심만 깊어지고 있는 것이다. 성공한 또래를 보면 마냥 부러워하다가 자괴감을 느끼고 괴로워하는 경우도 있고, '다른 사람들이 성공할 동안 나는 무엇을 했을까.' 하는 생각에 자기 비하를 하는 경우도 있다.

　다른 사람들과 비교하며 스스로에게 상처를 입힐 필요는 없다. 중요한 것은 자신이 맡은 일을 어떻게 이루어 낼 것인가에 대한 방법을 절실하게 찾고 노력하는 '간절함'이 있느냐 하는 것이다. 간절함은 있어도 되고 없어도 되는 것이 아니다. 간절함은 직장생활에 있어서, 인생에 있어서 반드시 필요하다. 직장생활에서 간절함이 필수 조건인 이유는 확실하다. 간절함이 있어야 업무의 결과에서 진정성을 얻을 수 있기 때문이다. 간절함을 잃어버리면 결과의 진정성도 사라진다. 그래서 그 일을 반드시 이루어 내고 싶어 하는 간절함이 있느냐 없느냐에 따라 일의 결과는 진정성이 있는 것과 형식적인 것으로 구분될 수 있다.

　일을 할 때 절실하게 임한다면 어떻게 해서든지 원하는 성과를 만들어 내기 위해 안간힘을 쓰게 마련이다. 간절함은 그 일을 해내고 싶다는 '동기'와 어떻게 해서든 이루어 내겠다는 '독기'를 품게 하고, 모든 일을 이루어 내는 '동력'이 되어 주기 때문이다. 그래서 게을러질 수가 없다. 1분 1초가 아깝고 급하면 딴마음을 품을 여유도 없어지고, 자신이 맡은 일을 성공시키기 위해 해결 방법이 나올 때까지 온 정신을 집중하게 된다.

　하지만 대부분의 직장인은 일에 대한 간절함이 부족하다. 일에 대한 동기와 독기, 동력 역시 찾기 힘들다. 간절함이 부족한 사람은 모든 일을 대충대충하고, 도전적인 업무를 맡으면 쉽게 포기하곤 한다. 간절함이 부족해지는 가장 큰 이유는 일의 잘못된 결과에 대한 피해가 즉각적으로 발생하지 않기 때문이다.

　직장생활을 하다가 오너의 꿈을 안고 창업을 한 친구나 후배들을 만나

보면 예전의 여유로움을 찾아보기 어렵다. 결코 만만찮은 창업 시장에서 살아남겠다는 간절함은 절박함으로 바뀌고, 그 절박함이 돈을 벌어야 한다는 처절함으로 이어지기 때문이다. 지금의 그들에게는 어떠한 보호막도 없다. 오롯이 혼자 싸워야 한다.

포장마차를 하는 자영업자는 농수산물 시장에서 사 온 30만 원어치의 신선한 재료를 그날에 모두 팔지 못하면 무조건 손해를 본다. 당장 수중에 돌아오는 돈이 없으면 손해가 생기기 때문에 하루가 끝나기 전에 정해진 목표량을 모두 팔아야 퇴근할 수 있다. 그래서 언제 퇴근할지 기약도 없다. '되면 좋고 아니면 할 수 없지.'라는 마인드로는 결코 살아남을 수 없다.

그에 비하면 직장인들은 정해진 근로 시간에 맞춰 출근하고 퇴근을 할 수 있다. 오늘 끝내지 못한 일은 내일이나 다음 주까지 마무리하면 되고 상사가 싫은 소리를 하면 고개 한 번 숙이고 잔소리 좀 들으면 상황은 대충 정리된다. 이런 상황이 반복되면서 직장인들은 소위 매너리즘(mannerism)에 빠진다. 항상 틀에 박힌 일정한 방식이나 태도를 취해 버리고 마는 것이다.

매너리즘은 현 상태에 고착되어 어떠한 발전 없이 현상 유지하는 것을 의미하기 때문에 자신의 실력보다 부진한 성적이 오래 지속되는 슬럼프(slump)와는 조금 다른 개념이다. 일반적으로 신입사원에게 3개월 단위로 찾아오는 매너리즘은 1년이 지나면 3년, 5년, 10년마다 더 심각한 모습으로 찾아온다. 내가 맡고 있는 일에 도가 터 업무 패턴에 익숙해져서 자만에 빠지고, 일에 대한 열정과 흥미를 잃어 간다.

이러한 경험은 누구에게나 쉽게 찾아오는 것이기 때문에 시간이 해결해 주리라 생각하고 덤덤하게 받아들이기 일쑤이다. 그래서 많은 사람이 일에 대한 간절함 없이 욕먹지 않을 정도로만 적당히 일을 처리하려고 하는 경향이 있다. 그러나 당장은 일을 처리하는 데 아무런 문제가 없을지 몰라도 시간이 지날수록 큰 위험으로 다가온다는 것을 명심해야 한다. 매너리즘이 습관이 되고 고착화되면 타인의 조언도 받아들이지 못하고 그 틀에 갇히게 된다.

자신이 매너리즘에 빠져 있는 것은 아닌지 냉정하게 객관적으로 바라보는 자세가 필요하다. 단조로운 일상이 주는 익숙함과 편안함 때문에 슬럼프와 달리 매너리즘에 빠져 있다는 사실은 인지하기가 쉽지 않다. 매너리즘에 빠진 대부분의 직장인은 직장의 비전이 보이지 않는다는 이유로 새로운 직무 경험이나 이직을 꿈꾼다. 이 일이 자신의 적성에 맞는 것인지, 계속해야 옳은 것인지 실무 경험과 학업, 유학 사이에서 갈등하기도 한다. 그러나 이런 복잡한 생각은 접어 두고 우선 자신부터 객관적으로 바라볼 필요가 있다. 상사로부터 일을 지시받을 때 불만부터 생긴다면, 최근 근태 상황이 나쁘다면, 하루하루 간신히 버티며 월급날만을 기다리고 있다면 매너리즘에 빠져 있을 가능성이 크다.

일을 할 때, 진정으로 그 일을 간절하고 절박하게 원하는지 반성해 볼 필요가 있다. 간절하지 않다면 결코 그 일에 빠져들지 못하고, 현 상황을 회피하고자 잔머리만 굴리게 된다. 간절하고 절박하면 절대 뒤로 물러서지 않는다.

초나라 장수 항우가 군대를 이끌고 진나라 군대를 대적하러 출병했을 때, 항우는 적을 이기고 적군의 솥으로 밥을 해 먹으면 되니 사흘치 식량만 남기고 사용하던 솥을 깨뜨리라고 명령했다. 또한 타고 온 배도 모두 물에 가라앉혔다. 승리 말고는 다른 방도가 없었던 항우의 병사들은 죽기 살기로 싸워 결국 승리를 거두었다. 자신이 하고 있는 것에 대해 간절함을 느낀다면, 어떻게 해서든지 이루고 싶은 진심 어린 독기가 생긴다.

일도 마찬가지이다. 일에 대해 원하는 바가 얼마나 명확하느냐에 따라 간절함의 차이가 달라진다. 간절함이 있는 사람은 다른 사람이 보지 못하는 부분을 모두 보며 작은 일 하나도 허투루 하지 않는다. 평소에 중요하다고 생각하지 못했던 일이 소중해 보일 것이고, 작은 일 하나하나에 관심이 생길 것이다.

작은 일에도 정성을 다하면 그 일의 결과물에는 간절함이 묻어 나온다. 간절함이 묻어 나온 성과여야 상사를 만족시킬 수 있다. 우리도 항우의 병사들처럼 비장한 마음으로 자신이 하고 있는 일에 모든 것을 바쳐 파부침주(破釜沈舟)의 각오로 일을 마주해야 한다.

진단 04

눈앞의 현실에만 연연한다

관점은 자신의 그릇 크기이다

많은 사람이 눈앞의 현실에만 몰입하는 경향이 있다. 특히 하루의 절반가량을 직장에서 지내는 직장인들은 끊임없이 자신의 업무량, 복리후생 등을 동료나 다른 직장인들과 비교하며 더 나은 환경에서 일하기를 꿈꾼다. 업무량이 많다고 느끼면 업무량이 적은 직장으로 이직하기를 원하고, 연봉이 낮다고 느끼면 연봉이 높은 직장으로 이직하기를 원하듯, 많은 사람이 당장의 문제에만 매몰되어 그 원인을 해결하기 위해 소탐대실의 의사결정을 하는 경우가 많다.

취업 준비생들의 가장 일반적인 꿈은 안정된 직장에서 고액 연봉을 받으며 일하는 것이다. 자신들이 4년 동안 힘들게 공부하고 노력했던 것들을 연봉으로 보상받으려 하기 때문이다. 하지만 막상 취업을 해 보면 상황은 달라진다. 직장에 입사하여 과중한 업무에 치이다 보면 높은 연봉보다는 삶의 여유가 있는 것이 낫다고 생각하게 된다. 그래서 돈은 조금 적게 벌더라도 출퇴근 시간이 일정하고 가족들과의 저녁 시간이 확보되는 안정된 직장인의 삶을 꿈꾸기 시작한다. 반대로 안정된 직장인들 중에서는 전문적인 커리어를 쌓으며 계속해서 발전해 나가는 직장인들을 부러워하는 경우도 있다. 해외 바이어들과 계약을 체결하고, 신사업을 추진하는 모습들을 보면 상당히 멋져 보인다.

이는 서로 다른 직장에서만 찾아볼 수 있는 현상이 아니다. 같은 직장에서도 입사 동기들이 나보다 바쁘게 일하는 모습을 보면 내가 뒤처지지는 않을까 불안하기도 하고, 자신은 업무에 치여 있는데 여유롭게 일하는 다른 부서 사람들을 보면 비슷한 월급을 받으면서 참 불공평하다는 생각이 들기도 한다.

대부분의 사람이 조직에 속하게 되면 어느 순간부터 눈앞의 현실만 보고 자신의 일이 가져다주는 부가가치와 자신이 어떤 부가가치를 창출해야 하는지에 대해서는 관심이 옅어지고 오로지 더 나은 일이 무엇일까만 고민한다. 그리고 결국 일에 몰입하지 못하고 진정성 없는 기계적이고 습관적인 결과물을 만들어 내기 시작한다.

왜 이런 현상이 일어나는 것일까. 일반적으로 직장인들이 눈앞의 현실만 보려는 이유는 대략 세 가지로 정리해 볼 수 있다.

첫째, 남들과 비교하는 열등의식 때문이다

학생이었을 때는 공부를 잘해서 좋은 대학을 가는 친구가 부럽고, 입사를 하고 나서는 고액 연봉을 받는 친구, 정시에 퇴근을 하는 친구가 부럽다. 우리는 부러움의 대상을 끝없이 만들어 내면서 현재의 자신과 자신의 직장을 무시한다. 늘 남의 떡이 더 크고 맛있어 보이기 때문에 자신이 가진 떡이 얼마나 맛있고 좋은지 알아채지 못한다.

스스로를 부정할 시간에 자신이 어떤 점이 부족한지 파악해 볼 필요가 있다. 하지만 많은 직장인이 생산적인 일에 전력투구해야 함에도 불구하고 남의 눈을 지나치게 의식하고 신세를 한탄하며 자신을 초라하게 만든다. 이러한 행동은 불필요한 피해 의식과 열등감을 조장할 뿐이다.

누가 봐도 남들에 비해 부족해 보이는 자신의 상황을 강점으로 만들어 성공 신화를 일군 CEO나 위인이 많이 존재한다. 대표적인 인물이 바로 마쓰시타 전기의 창업주인 마쓰시타 고노스케이다. 그는 '가난', '허약한 신체', '배우지 못함'을 하늘이 준 축복이라고 생각했다. 집안이 몹시 가난했기 때문에 어려서부터 여러 가지 일을 하며 부지런함을 키울 수 있었고, 허약한 신체 때문에 어려서부터 꾸준히 운동하여 늙어서도 건강하게 지낼 수 있었다. 또한 소학교도 제대로 마치지 못해 모르는 것이 많았기 때문에 세상 모든 사람을 스승으로 여길 수 있었다.

그가 열등의식을 가지지 않고 성공할 수 있었던 이유는 자신이 선택한 곳에서 얼마나 혼을 담아내고 역량을 발휘할 수 있느냐가 무엇보다 중요하다는 사실을 깨달았기 때문이다. 아무리 노력해도 따라잡을 수 없는 완벽한 대상과 자신을 비교할 필요는 없다. 또한 우리가 완벽한 대상이라고 생각한 사람이나 회사들이 실은 완벽하지 않을 수도 있다. 보고 싶은 것만 보고 듣고 싶은 것만 듣기 때문에 완벽할 것이라고 착각하는 것이다.

둘째, 일을 보는 안목이 좁기 때문이다

자신이 어떤 일을 해야 성장할 수 있는지를 고려하는 것이 아니라 쉬운 일 혹은 많은 돈을 주는 일을 선호하는 사람이 많다. 당장 자신에게 부가가치를 가져다주지 않으면 그 일에 대해 관심을 갖지 않는 것이다.

예를 들어 영업 업무는 장기적으로 봤을 때 현장을 가장 잘 이해할 수 있고, 전략적 사고와 커뮤니케이션 역량, 대인관계 역량 등을 자연스럽게 기를 수 있다. 하지만 영업 업무를 기피하는 직장인이 많다. 몇몇 기업은 현장을 이해시키기 위해 사무직 신입사원들을 처음 3년 정도는 영업 현장에 투입시키기도 하고, 영업을 모르는 사람은 임원으로 승진시키지 않는 경력 개발 시스템을 운영하기도 한다. 이렇게 영업을 통해 전문적인 업무 역량을 쌓을 수 있기 때문에 직장에서 영업을 매우 중요하게 생각하고 있음에도 불구하고 많은 직장인이 힘들다는 이유로 기피한다.

인사이동을 할 때에도 일이 편하고 누구든지 쉽게 일할 수 있는 부서에 사람이 몰린다. 반면 어렵고 힘든 일을 하는 부서는 꺼린다. 어차피 일을 할 거라면 어려운 일보다는 쉬운 일을 하겠다는 것이다. 같은 부서 내에서도 힘들고 어려운 일이 있으면 눈치를 보며 슬금슬금 피하는 사람이 있다. 누구나 할 수 있는 일을 할 때는 당장은 몸은 편하겠지만 역량은 제자리걸음을 한다는 것을 짐작하지 못한다.

편안하게 일하는 것은 결코 특권이 아니다. 오히려 도전적이고 어려운 일을 함으로써 성장할 수 있는 기회를 얻지 못하는 것을 안타까워해야 한다. 게으름을 부린 농부가 1년이 지난 뒤에 얻을 수 있는 것은 아무것도 없다. 일 년 내내 논밭에 땀방울을 쏟아부어야 곡식을 수확할 수 있다. 마찬가지로 하루하루 편안한 일만 하면, 성장하는 데 한계가 생기고, 상사는 그런 사람에게는 그 무엇도 기대하지 않는다. 그러면 어떻게 될까? 상사는 일을 맡기려고 하지 않을 것이고, 결국 서로의 가치를 교환하던 관계가 깨져 버릴 가능성이 크다. 우리에게 중요한 것은 '어떻게 하면 직장에서 남들보다 편하게 일을 할 것인가.'가 아니라 '일을 통해 어떻게 나의 역량을 쌓을 것인가.'이다.

업무를 보는 안목이 좋은 사람은 같은 업무를 하더라도 뛰어난 결과물을 만들어 낸다. 사소한 일부터 규모가 있는 프로젝트까지 자신의 역량을 키울 수 있는 기회는 얼마든지 있다. 당장은 힘들더라도 일의 본질을 파악하고 다양하고 깊이 있는 역량을 쌓아 나가는 것이 중요하다.

복사 하나를 하더라도 상사가 만든 보고서의 형태가 어떤지 미리 눈여겨봤다가 비슷한 형식으로 보고서를 제출하면 만족도가 올라갈 것이다. 전략회의 자료를 복사하면서 우리 회사가 어떤 목표와 전략을 세우고 있는지 사전에 숙지할 수도 있다. 복사라는 작은 일도 나에게 도움을 주는 요소가 많다. 일 자체를 소중히 여겨 어떤 일을 부여받아도 자신에게 매우 중요한 일로 만들어 역량으로 축적시킬 수 있어야 한다.

셋째, 직장의 미래와 자신의 미래를 별개로 생각하기 때문이다

우리는 종종 직장에서 어떤 역할을 수행해야 하는지 잊고 산다. 직장인은 직장에서 원하는 결과물을 제공하고 그 대가로 월급을 받는다. 하지만 단순히 일을 해내는 것에만 만족하는 사람이 많다. 직장에 어떻게 기여할 것인지, 창출해야 할 가치가 무엇인지에 대해서는 관심이 없다. 아니, 관

심이 없다기보다 직장생활을 시작할 때부터 그렇게 생각하는 훈련이나 습관을 갖지 않았다고 하는 것이 맞을 것이다.

계약 관계를 잊고 지내는 직장인들은 직장의 미래와 자신의 미래를 별개로 생각한다. 눈앞에 주어진 일이나 하고 싶은 일만 끝내면 자신의 책임을 다했다고 생각한다. 이런 사람들은 협업 능력이나 팀워크가 현저히 떨어진다. 팀의 목표 달성이 곧 조직의 목표 달성으로 이어져 새로운 부가가치를 창출하게 되고, 이것이 곧 자신이 잘되는 길이라는 것을 이해하지 못하기 때문에 동료들과 힘을 합쳐 전략적인 과제들을 수행하는 데에 흥미가 없는 것이다.

자신이 성장해야 직장이 성장하고, 직장이 성장해야 자신이 한층 더 성장할 수 있다. 이러한 사이클은 지속적으로 돌아가기 때문에 직장의 미래가 곧 자신의 미래가 되는 것이다. 자신이 속한 직장이 성장할수록 자신에게 더 많은 일이 부여되고 그 일을 수행함으로써 자신도 성장하고 역량이 쌓여 직장으로부터 점점 더 높은 보수를 받고 승진하게 된다. 따라서 직장과 자신을 함께 바라보는 운명공동체 시각이 필요하다.

일을 통해 자신이 창출할 수 있는 가치가 무엇인지 생각하고, 이 일을 통해 어떻게 역량을 갈고닦을 것인지 늘 고민해야 한다. 우리가 선택을 하고 결정을 했다면 자신의 미래와 함께 직장의 미래도 생각해야 한다. 직장이 잘되어야 자신이 더욱 잘될 수 있기 때문이다.

직장인들이 눈앞의 현실만을 따지는 이유는 매우 많지만 일에 끌려다니지 않기 위해 가장 우선적으로 해결해야 할 이슈들을 살펴보았다. 항상

이 세 가지를 기억하고 일을 대하는 자신의 태도를 변화시켜야 한다. 자신부터 변화하지 않으면 조금만 힘들어도 이직 생각부터 하고, 어려운 일을 해내고 성취하려는 욕심보다는 어떻게든 피하려는 궁리부터 한다.

극복해야 할 대상은 눈앞의 현실이 아니라 자신 안에 있는 열등의식, 업무에 대한 좁은 시야, 직장과 자신을 별개로 보는 태도이다. 이를 극복하지 않으면 일을 좋아할 수 없고 열정을 다해 몰입하기 어렵다.

성장에 지름길이란 없다. 기본기를 다지고 역량을 쌓는다는 것은 쉽지 않다. 편리한 것에 중독되면 조금만 복잡해도 쉽게 포기한다. '꾸준한 성과'를 만들어 내기 위해서는 '역량'이 있어야 하고, '역량'을 키울 때에는 힘들더라도 제대로 된 절차를 반복하여 체질화해야만 한다. 시간이 들더라도 인내심을 가지고 꾸준히 하는 것이 최선의 방법이다.

진단 05

악보 없이 곡을 연주한다
악보는 설계도이다

　　　　　　많은 기업이나 조직을 코칭하고 컨설팅 프로젝트를 수행하면서 조직에서 인정받는 사람과 그렇지 못한 사람의 분명한 차이점 하나를 발견했다. 조직에서 인정받는 사람들은 자신이 달성하고자 하는 목표가 명확하고 구체적이었다. 그들에게 목표가 무엇이냐고 물어보면, 구두 설명만으로도 나를 충분히 이해시킬 수 있을 정도로 자신이 만들어 낼 결과물을 사전에 확실히 이미지화 하고 있었다.

　그런데 대다수의 사람은 사전에 자신이 무엇을 만들고 싶은지 큰 그림으로 그리는 것을 어려워한다. 설령 큰 그림을 그렸다고 해도 그 그림이 어떠한 모습인지 구체적으로 설명하지 못한다. 왜 그런 것일까. 그것은 자신을 보호하기 위한 본능 때문이다. 자신이 사전에 만들어 놓은 모습이 실제 결과물로 이어지지 못할 경우, 변명거리가 없다는 것에 겁을 먹는 것이다. 또한 방법을 잘 모르거나 많은 사람이 그렇듯 결과물에 대한 고민을 하지 않고 평균 논리에 묻어가려고 하는 사람도 많다.

미국의 경영학자인 피터 드러커(Peter Ferdinand Drucker)는 이렇게 말했다.

"미래는 예측하는 것이 아니라 창조하는 것이다."

그의 말처럼 미래는 '○○은 이렇게 될 것이다.'라고 예측하는 것이 아니다. 본인이 원하는 결과물을 사전에 준비해 놓고 구체적인 실행 계획으로 자신만의 미래를 만들어 나가는 것이다. 그러나 많은 사람이 결과물의 가시성과 구체성을 놓친다. 일을 할 때 대략적인 방향은 이해하고 있지만 정확히 무엇을, 얼마나, 어떻게 해야 하는지 머릿속에 그려 보는 디자인 역량이 부족하다. 즉 예측은 쉽게 하는 반면, 창조는 어려워하는 것이다.

이루어 내야 할 결과물이 명확하게 구체화되어 있지 않으면 노력하는 것에 비해 성과가 나오지 않는다. 어떤 구성 요소들이 담겨 있어야 성과가 날 수 있는지 구체화되어 있지 않을 경우에는 일의 초점이 결과물이 아니라, 일정이나 프로세스와 같은 절차에 치중되는 경향이 있다. 그리고 스스로 어떤 결과물을 만들기 위해 일해야 하는지 중심을 잡지 못하기 때문에 그 일을 함께 할 동료들과 일의 내용을 서로 공유하기 어렵다. 일의 우선순위 또한 정해져 있지 않아 시급한 일만 처리하기 바쁘고, 한정된 자원을 엉뚱한 곳에 투입해 목표 달성에 어려움을 겪기도 한다.

목적지의 모습을 제대로 알지 못한다면 아무리 열심히 일한다고 해도 모든 노력은 쓸데없는 낭비가 될 뿐이다. 처음 들어보는 곡을 악보 없이 연주해 보는 것과 같은 것이다. 빠른 템포의 곡을 들려주면 듣는 사람에 따라 곡 해석을 달리한다. 경쾌하고 신나는 느낌이 들어 파티에 어울릴 만한 곡이라고 말하는 사람도 있고, 전쟁 중에 적과 대적하기 직전의 긴장감을 표현한 것 같다고 말하는 사람도 있으며, 사랑하는 사람과 함께 있을 때의 두근거림을 표현한 것 같다고 말하는 사람도 있다.

곡을 만든 취지, 즉 곡을 만들게 된 이유를 사전에 설명하지 않으면 함께 연주할 사람들이 각자 자기 나름대로 해석하기 바쁠 것이다. 취지나 목적이 파악됐다 하더라도 각 구간마다 어떻게 연주해야 하는지, 각각의 악기가 어떤 역할을 해 주어야 하는지 등 구성 요소를 구체적으로 알지 못하면 연주의 완성도가 떨어진다. 이 곡이 어떤 곡인지, 작곡가의 의도를 극대화하려면 어떻게 연주해야 하는지 구체적으로 알고 있어야 한다.

곡에 대해 제대로 이해하지 못한 채 듣는 것만으로 짐작하여 연주하면 어떻게 해야 할지 막막하여 스트레스만 받게 되고, 결국 즐겁게 곡을 연주할 수 없게 된다. 이처럼 사전에 해야 할 일이 구체적이지 않으면 즐겁게 일을 할 수 없는 것이다.

만약 같은 상황에서 쇼팽의 '빗방울 전주곡'의 악보를 주면 어떨까? 피아노를 칠 수 있는 역량을 어느 정도 지녔다고 가정했을 때 곡을 막연히 들려주었을 때보다 좀 더 완벽하게 곡을 재현할 수 있을 것이다. 연주자들은 곡을 연주하기 전에 악보를 본다. 악보가 있어야 전체적인 음악의 분위기와 구조를 분석하고 이해할 수 있고, 전 곡을 연주할 수 있는 힘이 생긴다. 악보에는 빗방울이 떨어지듯이 리듬을 끊어 줘야 하는 구간, 잔잔한 선율이 등장하는 구간, 템포가 느리거나 빠른 구간 등 곡을 완성하기 위한 세부적인 요소들로 구성되어 있다. 연주자는 곡을 듣기 전에 악보만 보더라도 어떤 곡이 연주될지 짐작할 수 있다.

일도 마찬가지이다. 일을 통해 이루고자 하는 목표의 모습을 사전에 구체적으로 모두 그려 놓고 시작해야 한다. 조직에서 인정받거나 성공한 사람들은 '나는 어떠한 결과물을 만들어 내기를 원하는가?'를 스스로에게 질문함으로써 자신이 이루고 싶은 결과물의 모습을 끊임없이 구체화시키는 역량을 가지고 있다.

연주는 곡에 필요한 악기들을 가지고 악보 그대로 연주하기만 하면 되지만, 조직에서는 예측 불가능한 수많은 변수가 있기 때문에 악보 그대로 연주하는 것은 불가능에 가깝다. 그렇기 때문에 결과물의 모습을 더욱 완벽하게 구상하고 그에 맞춰 일함으로써 한정된 자원을 효율적으로 사용해야 한다.

직장에서 인정받는 사람들이나 성공한 사람들은 운이 좋아서 하는 일마다 성과를 거두는 것이 아니다. 그들은 그 일에 있어서 성공할 수밖에 없도록 만들어 낸 것이다. 자신들이 원하는 결과물의 구성 요소가 무엇인지 사전에 가늠해 보고 그 결과물로부터 역으로 계산해서 현재 어떤 자원을, 어디에 투입할 것인지를 결정하면서 빈틈없이 일해 온 것이다.

일을 어떻게 해야 할지 알고 있다면 즐겁게 일할 수 있고 상사가 정한 시간 내에, 상사가 원하는 결과물을 낼 수 있다. 우리는 보통 부여받은 일을 어떻게 해야 할지 막막할 때 스트레스를 받고 일에 끌려다니게 된다. 이때 전체를 조망하여 일이 끝난 상태를 미리 보고 일의 순서를 정해 놓으면 일하기가 훨씬 수월하다. 시간도 절약될 뿐 아니라 한정된 자원을 어디에 투입할 것인지가 쉽게 결정된다. 자신이 궁극적으로 이루고자 하는 일의 결과물이 구체적일수록 결과물의 완성도는 높아지고 그 일을 이루어 내기 위한 실행 속도도 빨라진다.

  자신이 하고자 하는 일의 결과물을 상세하게 그려 보는 일은 시간이 많이 필요하기 때문에 우선 일을 시작하면서 상황에 맞는 전략을 세우는 것이 더욱 효율적이라고 생각할 수도 있다. 그러나 일을 하는 도중에는 그 상황 속에 있기 때문에 숲을 보기 힘들다. 사전에 숲을 보고 일을 시작하면, 어느새 점점 일을 지배하고 있는 당신을 발견하게 될 것이다.

진단 06

현장에 있는 답을 모른다

고객이 현장이다

<u>조직의</u> 최종적인 성과를 창출하기 위해서는 리더와 실무자 모두의 역할이 중요하다. 그러나 최근 들어 리더보다는 실무자의 역할에 대해 관심이 더욱 집중되고 있다. 그 이유는 조직에서 성과 창출에 대한 실질적인 답을 알고 있는 사람은 리더가 아니라 고객 접점인 현장에 있는 실무 조직이나 실무자이기 때문이다. 이 말은 곧 현장에 있는 실무자들에게서 고객 가치 창출을 위한 실행 방법에 대한 해답을 구해야 한다는 뜻이다.

실무자는 리더보다 시장과 더 가까이에 위치하며 고객과 직접 대면하는 시간도 길다. 그만큼 그들은 고객들이 무슨 생각을 가지고 있는지, 무엇을 원하는지, 어떤 불만이 있는지를 가장 잘 알고 있다. 따라서 실무자

는 고객이 이야기하는 니즈(Needs)와 숨겨진 원츠(Wants)를 정확하게 파악할 수 있다. 이러한 이유로 일부 조직은 부문장이나 담당 임원과 같은 임원 계층의 비중을 점차 줄이고 있다. 답은 리더가 아닌 실무 담당자가 가지고 있다는 점을 인정하여 굳이 추가적인 관리자를 필요로 하지 않는 것이다. 시장의 니즈를 가장 잘 아는 사람, 담당 업무를 가장 잘 아는 사람은 바로 그와 관련된 현장에서 일을 실행하는 실무 담당자이다.

그런데 문제는 현장의 중요성을 인지하고 있으면서도 정작 어떻게 해야 할지 모르는 사람이 많다는 것이다. 현장에 있어도 고객들의 니즈와 원츠를 제대로 알아듣지 못한다면 있으나 마나한 존재이다. '깨우치지 못한 사람은 아무리 좋은 도구가 있어도 활용하지 못한다.'라는 속담처럼, 고객이 원하는 니즈와 원츠를 직접 접할 수 있는 고객 접점에 있으면서도 그 정보를 찾아내지 못하는 것이다.

현재 상태를 파악하는 것이야말로 가고자 하는 곳에 이르는 중요한 지침이 된다는 것을 보여 주는 사례가 있다. 카투사였던 지인이 들려준 30여 년 전의 군대 생활 이야기이다. 업무적인 상황은 아니지만 참고하면 좋을 듯하다. 미군들의 훈련의 목적은 군기 확립보다는 실제적인 전투 역량의 함양이어서 여러 가지 생각을 하게 한다. 그중 하나가 지도가 표시하고 있는 내용을 해독하는 독도법 훈련이다. 팀을 이루어 특정 지점에 먼저 도착하는 방식이었는데, 그는 매우 자신만만했다고 한다. 그는 미군들과 달리 우리나라 지형에 익숙하고, 시골에서 자랐기 때문에 산을 타는 것은 식은 죽 먹기라고 생각했다. 하지만 결과는 참패였다. 독도법이 아닌 자신의 감을 믿고 움직이다가 산속에서 목적지로 향하는 길을 잃어버린 것이다. 그는 몇 시간을 헤매다 결국 꼴찌를 했다.

산속을 헤맬 수밖에 없었던 가장 큰 이유는 자신의 현재 위치를 정확하게 파악하지 못했기 때문이다. 조금만 더 가면 목적지에 도착할 것이라는 생각에 지나온 길을 표시하지도 않았다. 현장을 근거로 전략을 수립해야 하는데, 이를 간과하여 벌어진 일이다. 아무리 뛰어난 전략가라고 해도 현장이 아닌 머릿속에서 답을 구하면 정답을 쉽게 찾을 수 없다.

'우문현답(愚問賢答)'이라는 사자성어가 있다. '어리석은 질문에 현명한 대답'이라는 뜻으로, 최근에는 '우리의 문제는 현장에 답이 있다.'라고 재해석하기도 한다. 우문현답이라는 말처럼 현장에 모든 답이 있다. 그래서 현장에서 그 문제와 직접 대면하고 있는 사람이라면 정확한 해답을 찾아낼 가능성이 더 크다. 하지만 실제로는 현장에 있는 사람들도 현장의 현상 데이터를 잘 모른다. 정확하게 말하면 현장 데이터를 잘 볼 줄 모르고, 자신의 업무와 연관시켜 어떻게 활용할 수 있을지 판단하지 못한다. 즉 현장에 답이 있다는 것을 이미 알고 있는데도 일에 끌려다니며 일을 제대로 하지 못하는 사람이 많다는 말이다.

현장 데이터라고 해서 신사업 기획이나 마케팅 전략을 수립하는 영업, 마케팅 부서에만 근무하는 사람들에 한정되는 것은 아니다. 어떠한 분야에서 일하든지 자신의 업무와 관련된 현장 정보를 객관적으로 조망할 수 있는 눈이 필요하다. 대부분의 사람은 자기 일과 관련된 데이터를 정확히 파악하지 못하고 일의 현재 상태를 제대로 모르기 때문에 연관관계를 쉽게 알 수 없다. 업무와 관련된 데이터를 가지고 있다고 하더라도 자세히 살펴보면 현장에서 직접 관찰해서 얻은 살아 있는 데이터가 아닌, 서류상으로만 파악된 간접 데이터인 경우가 대부분이다. 간접 데이터는 살아 있는 생생한 현장 데이터가 아닌 죽은 데이터가 대부분이다. 실무 담당자라면 자신이 이루고자 하는 결과물과 관련된 데이터를 반복적인 업무를 통해 이미 어느 정도는 가지고 있는 것이 보통이다.

우리가 통상적인 일을 통해 내놓아야 할 결과물에 영향을 미치는 핵심 데이터가 몇 가지라는 것을 알고 관리하는 것은 성과 달성을 위한 기본적인 활동이다. 그러한 데이터가 없는 상태에서는 결코 원하는 대로 일을 완수할 수 없다. 의지의 표명과 주장만으로 우리가 이루고자 하는 결과를 창출할 수 없다는 것은 명백한 진리이다.

현장에 있는 데이터를 정확하게 보고 그 데이터를 자신의 업무에 직접적으로 활용하기 위해서는 세 가지 조건을 충족시켜야 한다.

첫째, 당위성

현장의 데이터에서 자신이 해야 하는 일의 목적을 분명하게 밝힐 수 있어야 한다. 명확한 의도 없이 지나치게 많은 정보를 수집하다 보면 정보 자체에 휩쓸려 버리기 쉽다. 정보를 취합할 때에는 어떠한 의도를 갖고 접근하느냐에 따라 정보의 종류가 달라진다. '왜'라는 질문을 반복하면서 데이터를 찾고 전략적 사고를 할 수 있어야 한다. 현장에는 수만 가지의 정보가 있다. 그중에서도 상사가 자신에게 그 일을 시킨 의도와 목적을 현장의 데이터를 통해 검증해 본다.

둘째, 실현성

자신의 일이 실현 가능하기 위해서는 '무엇'이 가장 중요한 요인인지 파악해야 한다. 직장에서 하는 일들은 원하는 결과물을 얻기 위한 업무 활동이긴 하지만 엄밀하게 말하면 일종의 가설이기도 하다. 우리는 그 가설이 맞도록 증명하기 위해 찾아가는 일련의 업무 수행 과정을 거쳐야 한다. 데이터 속에 들어 있는 숫자를 분석해 보면 과거의 현상 파악과 미래 예측이 가능할 것이다. 이는 목표를 달성할 수 있는지의 가능성에 대한 여부를 판단하는 근거가 되며, 그 목표를 달성하기 위해 가장 핵심적인 요인들이 무엇인지 찾아낼 수 있다. 그러나 간혹 일을 하다 보면 편견이나 고정관념에 사로잡혀 현장의 데이터를 무시하고 진행하는 경우가 있다. 그렇게 되면 일을 위한 일에 갇혀 앞으로 전진하지 못하게 될 가능성이 크다.

셋째, 효율성

자신이 가진 자원을 어디에, 어떻게 선택과 집중을 해야 하는지 최적의 방법을 찾아야 한다. 하고자 하는 일의 결과물과 자신이 실제로 실행하는 과정의 인과관계가 높아야 한다. 즉 목표에 직접적으로 연관된 일을 해야 한다는 의미이다. 그런 의미에서 현장 데이터는 행동하기에 앞서 미리 시뮬레이션해 볼 수 있는 시간을 마련해 주는 셈이다. 다양한 현장의 데이터를 취합하여 분석하다 보면 여러 관점을 통합하여 가장 핵심이 되고 큰 줄기에 해당하는 아이디어를 발견할 수 있고, 이를 바탕으로 실행 계획을 수립할 수 있다.

현장의 답은 현명한 대답이다. 현명한 대답인 현장의 데이터를 축적하기 위해서는 수시로 현장에 방문하여 관련된 데이터를 수집하는 노력이 뒤따라야 한다. 그런데 처음 하는 일에는 데이터가 존재하지 않는다. 이럴 경우 실무자 본인의 입장에서는 처음 하는 일이겠지만, 상사나 선배들은 유사한 업무를 수행했을 가능성이 높다. 그러므로 상사나 선배들 또는 더 나아가 일과 관련된 전문가에게 코칭을 받는다면 관련 데이터를 확보할 수 있다. 또한 현재 상태는 관련 업무가 일어나는 현장을 관찰하면 어렵지 않게 가늠할 수 있다.

'답은 나의 머릿속에 있지 않고, 현장에 있다.'라는 것을 늘 기억하고 있으면, 성과는 소수의 관리자가 아닌 전체 구성원들이 만드는 것이고, 성과를 평가하는 주체 역시 조직 내부의 상사가 아닌 외부의 고객으로 이루어지는 시장이라는 생각으로 일할 수 있다. 그로 인해 현장에 있는 자신이 일의 핵심 키를 쥐고 있다는 책임감이 생기고 일을 주도할 수 있게 된다.

진단 07

전략 없이
실행부터 한다

전략은 타깃 공략 방법이다

'야근을 밥 먹듯이 한다.'라는 말이 어색하지 않을 정도로 우리나라는 그야말로 야근 공화국이다. 사무실이 몰려 있는 광화문과 강남 근처에는 자정이 가까운 시간까지 불이 꺼지지 않는다. 한 설문조사에 따르면 직장인들은 평균 주 2~3회 야근을 하며, 10명 중 6명이 습관적으로 야근을 한다고 한다. 밤늦게 퇴근하는 직장 여성들을 위해 귀갓길에 동행해 주는 서비스도 생겨났다고 하니 상황이 어느 정도인지 짐작할 수 있을 것이다.

왜 우리는 개인의 삶이나 가족들을 뒤로한 채 일에만 매달리는 것일까? 일을 마치는 데 필요한 절대적인 시간이 부족한 경우 외에 일반적인 상황에서 우리가 눈여겨봐야 할 가장 큰 문제점은 목표 달성을 위한 전략도 세우지 않고 무조건 실행부터 하고 보는 것이다. 우리나라 사람들은 서두르는 습관이 특히나 심한 편이다. 그래서 쉽게 처리할 수 있는 것들부터 먼저 다 끝내 놓고 묵직한 과제를 시작하려는 경향이 있다. 빨리, 많이 끝내는 것이 중요하다고 생각하기 때문이다. 또한 급한 일이 중요한 일이라고 생각하는 경향도 있다. 그래서 급한 일을 우선순위의 처음으로 올리고 그 일부터 하는 것이 옳다고 생각하여 귀중한 시간을 생각 없이 낭비하는 일이 자주 발생한다.

로마시대의 철학자 세네카(Seneca)는 2천 년 전에 사람들의 행동에 대해 이렇게 말했다.

"대부분의 사람이 자신이 무엇을 원하는지 모르고 있다. 따라서 자신이 원하는 것과 원치 않는 것을 결정하여 평생 동안 그것을 추구하는 사람은 매우 드물다. 즉 사람들은 매일 자신이 나아가야 할 방향과 판단을 바꾸기 때문에 그들의 삶은 목표 없이 이리저리 헤매는 돛단배와 같다."

세네카의 말처럼 애매한 방향, 정확하지 않은 희망사항, 되풀이되는 의도만으로는 원하는 성과에 가까이 다가설 수 없다. 자신이 원하는 곳을 모른다면 전혀 도착하고 싶지 않은 방향이나 장소에 닿을 수도 있다. 그렇기 때문에 행동을 하기 전에 정확하게 원하는 것이 있어야 하고, 원하는 것을 어떻게 이룰 것인가 하는 의도적인 방법이 있어야 한다.

우리가 생각하는 급한 일이 모두 중요한 일이라고 할 수는 없다. 이런 생각을 버리지 않으면 정확한 의도 없이 애매한 업무 방향에서 헤매거나 막연하게 매번 급하다고 생각되는 과제들을 객관적인 근거 없이 선택할 수도 있다. 물론 중요한 것과 급한 것을 모두 염두에 두고 일을 처리하는 것이 잘못되었다고 단정 지을 수는 없다. 하지만 수많은 과제 중에서도 시급성은 낮을지라도 궁극적으로 이루고자 하는 목표 달성을 위해 가장 핵심이 되는 과제가 분명히 존재한다.

전체 중에서 가장 핵심이 되는 20% 과제를 선택하고 집중하면 전체적인 결과의 80%를 결정지을 수 있으므로 효율성이 높아진다는 '파레토 법칙'을 여기에서도 적용해 볼 수 있다. 직장에서 처리해야 할 수많은 업무 중에 핵심이 되는 20% 정도만이라도 제대로 선택하고 집중하면 불필요한 야근을 없앨 수 있다는 의미이다.

시급하지만 중요도가 떨어진다거나, 자신이 많은 노력을 들이지 않더라도 비교적 쉽게 달성될 수 있는 요인들에 시간을 소비하기보다는 스스로에게 '이 일이 과연 나의 목표 달성을 위해 반드시 해야 할 핵심적인 일인가?'라는 질문을 던져 자신의 목표에 결정적인 영향을 미칠 만한 핵심 과제를 찾아낼 수 있어야 한다. 업무를 수행하는 과정에서 병목 현상이 발생하지 않으려면 무엇보다 목표 달성에 가장 중요하다고 생각되는 과제와 실행의 긴급도를 감안하여 핵심 과제를 짚어 내는 센스가 필요하다.

하지만 야근 문화를 쉽게 없애지 못하는 이유가 있다. 직장에서 거래를 할 때 결과물이 아닌 노력과 업무량으로 거래를 하려고 하기 때문이다. 일의 결과물이 어떻게 나오든지 야근을 많이 하면 인정을 받을 것이라고 기대하며 자기 합리화를 한다.

여기 두 사람이 있다. 한 사람은 매일 정시에 퇴근을 하고, 또 다른 한 사람은 매일 늦은 시간까지 야근을 한다. 과연 누가 상사의 사랑을 받을까? 일반적으로 후자와 같은 사람을 성실하다고 평가한다. 일 처리의 양과 질, 속도와는 상관없이 단순히 얼마나 직장에 있는 시간이 많은가를 놓고 성실한 직장인과 그렇지 않은 직장인으로 구분하기 때문이다. 그래서 상사에게 좋은 인상을 주기 위해 일이 일찍 끝나더라도 억지로 야근을 하는 경우가 많다.

상사뿐 아니라 주변 동료들에게 바쁘다는 인상을 남기고 싶어 하는 사람들이 있다. 위험에 처한 동물들이 몸집을 크게 부풀려 상대 동물들의 공격에 맞서는 것처럼 직장인들은 조직에서 살아남기 위해 전투적으로 자판을 치거나 업무 회의 때에도 자신이 해야 할 일을 길게 늘어놓으면서 열심히 일을 하는 것처럼 보여 주려고 애쓰는 경우가 많다.

이처럼 근무 시간으로 상사나 동료들에게 평가를 받으려고 노력하다 보니 일이 있든 없든 야근을 당연하게 생각하면서 불필요하게 시간을 낭비하는 일이 잦다. 잔업과 야근이 많기로 소문난 우리나라의 직장은 언뜻 생각하기에 노동 강도도 세고, 업무 몰입도도 높을 것 같지만, 실제로 수많은 기업이나 기관을 분석해 보면 그렇지 않다.

우리나라 직장인의 업무 태도는 선진국과 견주어 봤을 때 비교적 느슨한 편이다. 업무 시간에 신문을 본다거나, 인터넷으로 업무 외의 정보를 찾는다거나, 동료들과 커피나 음료를 마신다거나, 담배를 피운다거나 하는 일이 비일비재하기 때문이다. 일을 아무리 빨리 처리해도 결국 야근을 해야 한다고 생각하기 때문에 야근 시간을 포함하여 하루의 업무 계획을 세우는 습관이 일상화된 것이다. 어차피 밤 10시까지 일해야 하는데 어느 누가 굳이 오후 5시까지 일을 마칠 필요가 있다고 생각하겠는가. 그래서 장시간 노동에 비해 정작 업무 몰입도와 생산성이 떨어지고 늘 일에 얽매여 있는 등 일에 끌려다니게 되는 것이다.

일 처리가 늦어지면 대부분의 직장인이 '오늘도 야근해야겠네.'라고 생각한다. 하지만 일에 끌려다니지 않으려면 생각을 바꿔야 한다. '나는 업무 시간에 왜 오늘 하려고 한 일을 다 끝내지 못한 것일까?' 하는 원인에 대해 고민해 보고 업무의 효율성을 높이는 대책을 세우는 것이 무엇보다 중요하다.

그리고 무엇보다도 이제는 노력이 아닌 결과물로 거래를 해야 한다. 직장의 본질은 시장이기 때문에 내가 일을 통해 완성하는 결과물로 고객인 상사를 만족시키고 거래를 유지하는 것이 올바르다. 만약 불분명한 평가 기준과 같은 원인으로 인해 야근만이 좋은 평가의 답이었다면 이것은 오래가지 못한다.

야근을 오래 하고 열심히 했어도 뚜렷한 성과가 없다면 완성된 제품이 없다는 의미이고, 이는 고객과 교환할 대상인 상품이 준비되지 않았다는 의미이다. 즉 자신의 월급과 맞바꿀 상품이 없는 셈이다. 따라서 일을 할 때에는 분명하게 내놓아야 할 자신의 성과를 염두에 두고 이를 달성하기 위한 전략을 수립해야 한다. 전략은 타깃 공략을 위한 일종의 혁신적이고 창의적인 생각의 루트이다. 수많은 가능성 중에서 최적의 경로를 선택해야 한다.

최적의 전략을 결정하기 위해서는 당신이 원하는 것을 언제까지 달성하고자 하는지를 분명하게 정해야 한다. 많은 사람이 주어진 일을 처리하는 동안 소비된 시간이 그 일을 하는 데 필요한 시간이라고 생각한다. 그러나 실제로는 그렇지 않은 경우가 대부분이다. 어떠한 일을 하는데 어느 정도의 시간이 소요되는지도 모른 채 일을 하는 경우도 많고, 오후 6시에 끝낼 수 있는 일을 밤 10시까지 늘려서 하기도 한다. 이렇게 되면 집중력과 몰입이 결여되기 쉽다. 전략 없이 일을 실행하면 빨리 끝내려고 시작한 일인데 오히려 시간이 많이 투입되어 버리거나, 일하는 도중에 방향을 잃어 엉뚱한 결과물을 만들어 내는 경우가 발생하기도 한다.

따라서 일을 시작하기 전에 마감할 시간을 미리 정해 놓아야 한다. '가급적 빨리', '틈나는 대로'처럼 애매하게 정해서는 안 된다. '난 이 일을 반드시 1시간 안에 끝낼 거야.'라고 마감 시간을 정하면 그 순간부터 몸과 정신이 긴장한다. 이러한 긴장감이 있어야 일 처리가 늘어지는 것을 방지할 수 있다.

시간이 많다고 해서 좋은 성과를 내는 것이 아니다. 바쁠수록 효율적으로 일하게 되는 것이 인간의 본성이다. 주어진 시간이 많을수록 쓸데없는 일이 많아진다. 이러한 현상은 영국의 역사가이며 사회경제학자인 노스코트 파킨슨(Northcote Parkinson)이 최초로 밝혀내면서 '파킨슨의 법칙'이라고 불리게 되었다. 그는 이렇게 말했다.

"부지런한 가난뱅이는 마감 직전까지 일을 미루지만, 게으른 백만장자는 '나만의 마감 시간'을 정하고 남는 시간을 활용한다. 백만장자가 되려면 되도록 빠른 시간 내에 할 수 있는 방법을 찾아야 한다."

시간도 자원이라는 것을 항상 기억하자. 직장은 여러 사람이 모인 곳이다. 정해진 근무 시간 동안 집중적으로 일을 하고 마감 시한 전에 자신이 맡은 일은 책임지고 완수하는 책임감과 열정이 있어야 한다. 오랜 시간 동안 일을 질질 끌면서 하는 것보다 집중력을 가지고 최대한 효과적으로 완수함으로써 자신의 역할과 책임을 다해야 팀워크도 생길 수 있다. 불필요한 일들로 인해 '맹목적인 바쁨'에 빠지지 않고 업무의 효율과 조직의 민첩함을 살리는 것이 궁극적으로는 조직의 생산성과 삶의 질을 높이는 중요한 동력이 될 수 있다.

진단 08

상사가 시켜야 움직인다

프로는 자가 발전기를 가지고 있다

충전식 건전지를 가슴에 달고 있는 사람들은 끊임없이 외부에서 칭찬이나 질책과 같은 피드백 에너지가 공급되어야 움직이지만, 자가 발전기를 달고 사는 사람들은 자신의 존재 목적과 직장 내 비전을 분명하게 갖고 있기 때문에 늘 열정과 자신감을 가지고 자발적으로 움직인다.

직장인들의 일하는 모습은 크게 두 가지 유형으로 구분할 수 있다.

- 지시한 것만 수행하는 사람
- 지시한 것 이상의 결과물을 만들어 낼 줄 아는 사람

상사가 당신에게 "이 서류를 3부 복사해 주세요."라고 지시했다면 당신은 어떻게 행동하겠는가. 상사가 지시한대로 복사만 해서 가져다 드리겠는가, 아니면 회의 때 필요한 것인지, 외부에 가지고 나가는 것인지 물어보고 복사를 한 후에 파일에 끼워 드리겠는가. 복사와 같은 사소한 일에서도 사람의 유형이 드러나는 법이다.

이 두 유형의 가장 큰 차이점은 '자율성'이다. 시키는 일만 하는 사람들은 타인에 의해 수동적으로 행동하는 사람으로, 흔히 '아마추어'라고 부른다. 반면, 상사가 지시한 것 외에도 앞뒤 과정을 살펴보고 자율적으로 행동하는 사람들은 일을 컨트롤해 가며 지시한 것 이상의 결과물을 만들어 내는 사람으로, 흔히 '프로'라고 부른다. 이런 사람들은 심지어는 지시하기 전에 일을 완료하여 상사의 인정을 받기도 한다. 프로와 아마추어의 차이의 핵심은 자신이 한 일을 돈을 받고 팔 수 있느냐, 없느냐이다.

누가 시켜야만 움직이는 아마추어와 스스로 자신의 길을 찾아가는 프로가 일하는 것을 살펴보면 업무의 결과물에서 엄청난 차이를 보인다. 누군가 시켜야만 움직이는 수동적인 아마추어는 고객이 반응해야만 움직이고, 고객이 먼저 요구하기 전에는 고객에게 무엇이 필요한지 고민하지 않는다. 고객의 잠재 욕구를 찾아내지 못한다면 요즘과 같이 모든 것이 빠르게 변화하는 사회에서는 경쟁력이 없다. 다시 말해서 고객의 요구를 기다려 대응한다는 것은 경쟁 사회에서 살아남겠다는 의지가 매우 약하다는 것을 드러낼 뿐이다.

직장에서도 마찬가지이다. 우리 주위에는 상사가 지시한 일에만 반응하는 직장인이 매우 많다. 지시하기 전에는 먼저 일을 찾지 않는다. 고객이 반응하기 전에 해야 할 일에 대한 중요성을 인식하지 못한 채 시간이 지날수록 점점 더 수동적으로 변해 버린 직장인들은 누가 대신 자신의 일을 해 주기만을 바란다. 창의적이거나 혁신적으로 일을 주도하기보다는 '우는소리하면 봐 주겠지.', '버티면 해결해 주겠지.' 하는 식으로 상사가 도와주기를 기대한다.

자신의 경쟁력이 아닌 조직이나 상사의 그늘에 묻어가려는 사람들은 엄밀하게 말하면 자신만의 독립 경쟁력을 가지고 있지 못하다. 이러한 환경 속에서 길러진 직장인들은 업무 수행을 위한 사소한 실행 방법에 대해 결정을 할 때조차 상사의 눈치를 보곤 한다.

그렇다면 우리 주변에는 왜 자율적이지 못한 직장인이 많은 것일까?

첫째, 편한 것에 길들여져 있다

군대나 교육제도 등 지시와 통제 속에서 성과를 내는 일에 익숙해지면 지시하는 사람도, 지시받는 사람도 통제가 더 편하게 느껴질 수 있다. 상사가 수시로 회의나 지시 등을 통해 실무자들이 해야 할 일을 결정해 주고 검토하는 등 시키는 일만 하는 것이 업무 습관으로 굳혀졌기 때문이다. 그래서 '가만히 있으면 중간이라도 간다. 괜히 튀지 말자.'라는 생각에 사로잡혀 소신을 가지고 일을 수행하기보다 항상 평균에 지배당하기를 자청한다. 그리고 '적당히 이 정도만 유지해도 되는데 왜 힘든 일을 찾아서 해야 하지?'라는 수동적 핑계거리를 찾으면서 그 늪에 갇혀 버리고 만다. 이처럼 자기방어적인 사고의 틀에서 벗어나지 못하면 수동적인 월급쟁이의 한계에 갇히고 만다.

둘째, 상사가 고객이라는 것을 모른다

앞서 일에 끌려다니지 않기 위해서는 나의 제1의 고객인 상사를 만족시켜야 한다고 말한 바 있다. 그러나 많은 직장인이 상사를 고객으로서 제대로 섬길 줄 모른다. 그들이 원하는 결과물만 만들어 주면 된다고 생각하지만, 진정한 고객 만족은 감동에서 나온다.

한 식당에서 음식이 정말 맛있어서 만족하며 식사하고 있는데, 요청하지 않았는데도 주인이 알아서 부족한 반찬이나 물을 채워 준 경험이 있을 것이다. 정말 감동스럽지 않았는가. 그때의 기분을 떠올려 상사도 항상 나로 하여금 이러한 기분을 느낄 수 있도록 해야 한다. 요청한 과제 수행뿐 아니라, 상사가 시키지 않아도 어떤 일을 자신이 더 수행해 주면 좋을지 상사의 입장에서 생각하는 것이 매우 중요하다.

상사의 입장에서 생각하는 사람은 같은 보고서를 쓰더라도 읽는 사람을 고려하여 작성한다. 이는 상사가 자기 중심으로 쓰인 보고서를 해독하느라 불필요한 시간을 소요하지 않고 그 시간을 좀 더 생산적인 곳에 쓸 수 있도록 도와줄 것이다. 우리는 상사가 일을 좀 더 효율적으로 잘할 수 있도록 편안한 일터를 만들어 줄 의무가 있다. 시키는 일만 수행하는 수동적인 실무자와 함께 일하는 상사는 하나부터 열까지 세심한 일 모두를 신경 써야 하기 때문에 정작 중요한 일을 놓칠 수 있으며 이는 조직 성과에 좋지 않은 결과를 불러올 것이다.

셋째, 상사가 권한을 주기를 마냥 기다리고 있다

직장에서 일을 하다 보면, 상사가 권한을 주지 않는다면서 "팀장님은 대리보다 더 해. 완전 좁쌀영감이야."라는 식으로 상사를 험담하는 사람을 어렵지 않게 볼 수 있다. 자신이 권한을 위임받지 못하는 모든 원인을 상사에게만 있다고 결론짓고, 권한위임이 이루어지지 않아 일 처리가 늦어지고 자신이 컨트롤할 수 있는 범위의 한계로 일이 진행되지 않는다고 하소연하는 것이다.

하지만 상사가 권한을 주지 않은 데에는 그럴 만한 이유가 있다. 무작정 상사의 욕만 해서는 안 된다. 오히려 실무자의 문제일 가능성이 더욱 크다. 상사가 권한을 위임하게 하는 결정권은 실무자로부터 나오기 때문이다. 자신에게 일을 맡길 수 있을 만큼의 그릇이 있어야 권한도 주어질 수 있다는 의미이다. 실무자의 역량 부족 때문이냐, 상사가 권력을 손에 쥐고 있으려고 하는 것이냐의 문제를 따지기 전에 상사가 권한을 위임할 수밖에 없도록 환경을 만들면 된다.

가만히 앉아서 감이 입 속으로 떨어지기를 기다리듯 권한위임이 되기를 기다리는 자세는 일에 대한 열정이 없는 사람으로 비춰지기 쉽다. 자기 몫은 자기가 찾아나서는 적극성과 부지런함이 필요하다. 성과 목표를 달성할 수 있는지의 여부에 대해 미리 예측할 수 있는 전략이 있어야 상사를 설득할 수 있다. 상사가 권한위임을 하지 않는 이유를 상사의 권력욕심에서 찾지 말고, 자신의 역량에서 찾아야 한다.

급속히 변화하는 환경 속에서 지속 가능한 경영을 위해서는 직장인 모두가 자율적으로 움직여 주어야 한다. 자율성을 부여받은 직장인만이 창의적인 생각을 바탕으로 변화에 능동적으로 대처할 수 있기 때문이다. 통제하고 관리해야만 하는 수동적 아마추어들로는 경쟁자들을 따돌리고 까다로운 고객들을 만족시킬 수 없다. 자신들이 해야 할 일을 스스로 챙기고 누가 동기유발을 해 주지 않더라도 자발적으로 업무에 몰입해서 목표를 달성해 가는 프로가 되어야만 조직도 경쟁력이 생기고 직장인들 본인도 경쟁력이 갖추어질 수 있다.

상사가 원하는 일의 결과물을 만들어 내기 위해서는 자신이 수행하고 있는 업무를 잘하는 것은 당연한 것이고, 나아가 상사의 니즈와 원츠를 잘 파악하여 상사가 요구하기 전에 먼저 만족시킬 수 있도록 선제 대응의 역량이 필요하다.

직장인은 월급쟁이가 아닌 사내 기업가로 성장할 수 있어야 한다. 상사가 지시한대로 움직이기보다는 조금 더 먼 미래를 바라보면서 인내심을 가지고 스스로를 담금질할 수 있어야 한다. 조직에서뿐 아니라 어디에서든 시키지 않아도 자율성을 가지고 알아서 해내는 사람들은 기대 이상의 성과를 창출한다.

대본대로만 연기해도 충분히 좋은 작품을 만들 수 있는데 캐릭터의 특징을 연구하고 실감나는 상황을 기획하여 연기하는 배우들 덕분에 더 의미 있는 작품으로 기록된 영화나 드라마가 많다. 조직에서도 상사가 만들어 준 대본대로 수행하는 것 이상으로 끊임없이 과제를 연구하고 상사가 필요로 하는 일을 자발적으로 수행해야 기대 이상의 결과물을 만들어 낼 수 있다.

자신이 업무의 주체자로서 자발적으로 업무를 수행하고 자기 스스로 개발해 나가는 것을 연습하고 지속적으로 훈련하여 습관으로 몸에 배게 해야 한다. 아울러 '나는 시켜야만 일을 하는 사람이 아니다. 나는 자율적으로 일을 한다.'라고 생각하고, 그러한 역량이 충분하다고 자신을 믿어 주는 것이 매우 중요하다.

상사가 시키기 전에 작은 일부터 스스로 시도해 보자. 처음에는 '이 일을 하는 것이 시간 낭비는 아닐까?', '상사가 원하는 일이 맞을까?' 하는 걱정으로 쉽지 않을 것이다. 그러나 능동적으로 수행하다 보면 어느 순간 감이 생긴다. 시키지 않아도 알아서 일하는 사람들을 보면 그들도 처음에는 시행착오가 있었다. 시간이 지날수록 어떤 일을 자율적으로 해도 되는지 알게 된 것이다. 시켜서 하는 일에 끌려다니지 말고, 스스로 일을 주도해 나가기를 바란다.

진단
09

역량보다 능력을 내세운다
역량은 성과 창출력이다

내게 간혹 이렇게 묻는 인사 담당자나 교육 담당자들이 있다.

"스펙은 좋은데 일을 잘하지 못하는 직장인은 어떻게 하면 좋을까요?"

그런 질문을 한 이유를 되물어 보면 그들은 이렇게 말한다.

"유명 대학을 졸업했고, 외국어 능력이 뛰어나요. 업무에 도움이 될 만한 자격증도 많고……. 당장 어떤 일을 시켜도 잘 해낼 수 있을 것 같아 채용했는데, 기대와 달리 마땅한 성과를 내놓지 않아 참 답답해요."

반대로 졸업 성적이 평균 이하라 별로 기대하지 않았는데 맡은 일을 똑 부러지게 처리하여 상사들에게 인정받는 직장인도 있다고 했다. 그리고 "여러 유형을 살펴보니 공부 머리와 일머리가 따로 있는 것 같아요."라고 덧붙였다. 이처럼 직장인들이 전혀 다른 평가를 받는 이유는 무엇 때문일까? 그것은 바로 능력과 역량의 차이 때문이다.

피터 드러커는 이렇게 역설했다.

"어떤 사람의 목표 달성 능력과 그의 지능, 상상력 또는 지식수준 사이에는 그다지 상관관계가 없는 듯하다. 머리가 좋은 사람들은 뛰어난 지적 통찰력 그 자체가 바로 성과로 이어지지 않는다는 사실을 제대로 인식하지 못한다. 지능, 상상력, 지식이 성과를 내는 데 필수요소인 것은 분명하지만 그런 요소들을 연결시키려면 목표 달성 능력이 필요하다. 지능, 상상력, 지식 자체는 성과의 한계를 설정할 따름이다."

지능, 상상력, 지식과 같은 요소는 단순한 능력의 범주로 보는 반면, 이를 기반으로 성과를 창출할 수 있는 연결 요소로써의 '목표 달성 능력'을 역량이라고 해석하고 이것이 성과 창출에 더욱 중요하다는 점을 강조한 것이다.

능력과 역량의 어원과 개념에 대해 살펴보면 서로의 차이점을 더욱 잘 이해할 수 있다. 능력을 의미하는 영어 단어 'Capability'는 'capacity'와 'ability'가 결합된 것이다. 앞 음절 'capa-'는 'capacity'의 준말로, '보유', '용량', '수용력'이라는 뜻이고, 'ability'는 '~할 수 있음', '할 수 있는 것'으로 그 자체가 능력을 의미하기도 한다. 이를 합치면 '무엇을 할 수 있는 힘'이다. 이에 비해 역량을 뜻하는 영어 단어 'Competency'는 'compete(경쟁하다)'에서 파생되었다. 경쟁력이 있다는 것을 의미하는 것이라 짐작할 수 있다. 따라서 역량은 경쟁과 관련되며, 능력은 할 수 있는 것과 상관관계가 있다.

직장에서 이야기하는 능력은 어떤 직무를 수행하기 위해 갖추어야 할 지식, 스킬, 직무 경험 등 직무 자격 요건을 말한다. 이미 갖추고 있어야 하기 때문에 '보유'라는 수식어가 붙어 '보유 능력'이라고 칭한다. 능력이 있는지 없는지에 대한 여부는 학력 수준, 자격증, 해당 직무 경력 연수 등으로 가늠한다. 조직에서는 능력의 여부를 판가름할 때 직무 경력 연수에 큰 비중을 둔다. 직무 경력 연수가 길수록 직무를 수행할 수 있는 스킬이나 노하우가 쌓이기 때문이다. 직장인들의 연봉은 연차에 따라 차등 지급된다. 이는 능력 중심으로 책정되어 있다고 볼 수 있다.

하지만 역량은 능력과 달리 '발휘'라는 말이 붙는다. 역량은 개인이 업무를 수행하면서 높은 성과를 올리기 위해 안정적으로 발휘되는 행동 특성을 의미하기 때문이다. 역량은 우연히 또는 일회적으로 나타나는 결과가 아닌 반복적·지속적으로 발휘되는 성과와 관련된 행동 특성을 의미한다. 역량은 성과를 창출하기 위해 전략을 실행하는 힘이기에 이를 전략 실행력이라고도 부른다. 따라서 의도하는 성과를 내기 위해 행동으로 옮길 수 있느냐가 역량의 핵심이다.

능력과 역량의 근원은 서로 다르다. 능력의 뿌리는 직무이고, 역량의 뿌리는 전략이다. 해당 직무에 따라서 갖추어야 할 능력이 달라지고, 목표를 달성하기 위해 어떤 전략을 선택했는가에 따라서 자신이 발휘해야 할 역량이 달라진다.

만약 직장에서 상사가 "영어 좀 할 수 있나?"라고 물었을 때, "네. 토익 900점입니다."라고 대답하여 "지금 회의실에 있는 외국인 바이어들과 상담해서 회사가 원하는 조건을 전달해 보도록 해."라는 지시를 받는다면 어떻까? 만약 "음…… 아직 그러기에는 부족합니다."라고 대답한다면 그 직장인은 능력이 부족한 것일까, 역량이 부족한 것일까.

답은 역량이다. 그 직장인은 능력은 갖추었지만, 역량을 제대로 발휘하지 못한 것이다. 공인된 어학 능력만으로는 계약의 키를 쥐고 있는 중요한 외국인 바이어를 응대하기 쉽지 않다. 역량이 있다는 것은 '토익 900점을 바탕으로 해서 영어로 업무와 관련된 소통이 가능함'을 말한다.

탁월한 성과를 달성하기 위해서는 그 성과를 달성하기 위한 전략이 필요하다. 그리고 그 전략을 수행하기 위해서는 필요한 역량을 발휘해야 하고, 그 역량은 자신이 맡은 분야의 기본적인 지식과 능력을 갖추고 있어야 가능하다. 역량은 어쩌다 한 번 교육받고 학습한다고 해서 갖추어지는 것이 아니다. 업무를 수행하면서 자신이 이루어 내야 할 결과물을 창출하기 위해 전략을 수립하고 수행하는 과정에서 길러지는 것이다. 장기간에 걸쳐 축적되는 것이고, 알고 있는 것을 실제 행동으로 옮기면서 체질화되는 것이다. 주어진 목표를 이루어 내기 위해 창의적인 아이디어를 내고, 상사의 코칭을 받으며, 관련된 지식을 익혀 적용하는 등 다양한 체험을 통해 역량을 향상시킬 수 있다.

능력만 좋은 사람들이 환영받는 시대가 가고 이제는 역량을 발휘할 수 있는 인재를 필요로 하는 시대이다. 그렇다고 해서 능력이 중요하지 않다는 뜻이 아니다. 상대적이라는 것이다. 예전에는 중요도가 100이었다면, 지금은 중요도가 70, 역량이 30으로 나뉜다. 능력이 뒷받침되지 않으면 역량을 발휘하기 어렵다. 자격 요건을 얼마나 많이 갖추고 있느냐 하는 '능력의 양'은 간접적으로 성과로 직결되기 때문이다. 토익 900점의 사례에서처럼, 능력이 뛰어난 것과 역량을 잘 발휘한다는 것은 조금 다른 문제이다. 능력은 쌓아 놓은 것이 많다는 의미이기 때문에 언제든지 그 사람의 능력을 확인할 수 있는 반면, 역량은 실행력이 뒷받침되기 때문에 발휘되어야만 알 수 있다.

직장에서 원하는 사람은 자기가 맡고 있는 일을 통해 상사를 만족시키기 위해 언제까지, 어떠한 결과물을 완성하면 되는지 이해하고 스스로 실행 계획을 세워 역량을 발휘할 줄 아는 사람이다. 직장에 입사하여 1~2년 동안은 자신이 맡고 있는 업무와 관련된 지식이나 스킬과 같은 능력을 갖추는 것이 필요하다. 직장에서 필요로 하는 업무 능력을 어느 정도 갖춘 직장 3년차 정도가 되면, 자신의 목표를 주도적으로 실행하고 그 결과에 책임을 질 수 있어야 한다.

이때부터는 역량 싸움이다. 기본적인 지식이나 스킬뿐 아니라 성과에 결정적인 영향을 미치는 전략적 실행력이 강해야만 한다. 자신이 맡은 분야의 기본적인 지식과 능력을 갖추는 것은 물론, 상위 조직의 성과 목표를 달성하는 데 가장 중요한 영향을 미치는 전략적 행동력까지 갖추고 반복적으로 성과를 창출할 수 있는, 즉 역량을 지속적으로 발휘할 수 있는 사람이 되어야 한다.

역량 없이 능력만 있으면 직장에서 원하는 성과로 이어지기 어렵다. 어떤 스펙을 갖출 것인지 고민하지 말고, 일하는 방식을 혁신하는 노력을 지속해야 한다. 아무리 뛰어난 능력을 가지고 있다고 해도 고객이 선택하지 않으면 소용이 없다. 상사는 당신의 능력이 아닌, 성과와 직결되는 결과물을 만들어 낼 수 있는 역량을 원한다는 점을 명심해야 한다.

진단
10

업무 소통에 트라우마가 있다
소통은 거래이다

어느 직장이나 매주 월요일 아침마다, 매월 초와 월말마다 정기적인 업무 회의를 한다. 그리고 매일 상사에게 업무 진행 사항을 보고하기도 한다. 구두로 보고하기도 하고, 정식으로 보고서나 기획안을 작성하여 보고하기도 한다. 심지어는 식사 시간이나 휴식 시간에 업무와 관련된 대화를 나누기도 한다. 이러한 소소한 모든 과정이 바로 소통이다. 직장 내에서 소통에 소요되는 시간은 결코 적지 않다. 심지어 사무실 곳곳에 '소통'을 위한 공간을 마련해 놓은 곳도 있다.

그런데 문제는 정작 소통에 만족하는 직장인이 적다는 것이다. 상사와 업무로 소통하는 것 자체를 고통스러워하고 회피하고 싶어 하는 직장인이 상당히 많다. 상사와 소통하면서 겪었던 스트레스나 상처들이 떠오르기 때문이다. 사고로 인한 외상이나 정신적인 충격 때문에 사고 당시와 비슷한 상황이 되었을 때 불안해지는 '트라우마'가 소통에서도 나타나는 것이다.

그렇다고 해서 소통하는 것을 회피해서는 안 된다. 본인이 피한다고 해서 피할 수 있는 것도 아니다. 순간의 불편함을 느끼고 싶지 않아 제대로 소통하지 않는다면 후에 더 큰 불편을 겪을 수밖에 없다. 직장생활을 하는 동안 위와 아래, 동료와 타 팀 구성원들 간에 소통이 원활하지 않으면 원하는 업무를 처리할 수 없고, 그렇게 되면 결국 자신이 내놓아야 할 상품으로써의 일이 완성될 수 없다.

자신이 상황을 바꿀 수 없는 원인으로 인한 소통의 어려움은 어쩔 수 없다 하더라도 트라우마로 인한 소통의 어려움은 그 원인이 자신에게 있을 가능성이 가장 크므로 노력을 통해 충분히 개선할 수 있다. 직장인들이 상사와의 소통을 어려워 하는 이유는 매우 다양하지만 그중에서 트라우마로 인해 소통이 어려운 몇 가지 상황을 알아보고자 한다.

첫째, 자신이 하고 싶은 말만 하려고 하기 때문이다

일을 요청한 고객도, 그 일의 결과물에 대해 가장 잘 아는 사람도 상사이다. 그렇기 때문에 상사의 입장에서 그 목표를 어떻게 달성할 것인지에 대한 방법이나 전략을 고민하고 소통해야 하는데, 실무자 입장에서 자신이 처리하기 편한 방법으로 통보하려고 하여 상사와 소통이 잘 되지 않는 것이다.

더욱이 자신이 하고 싶은 일 위주로만 골라서 수행하려는 직장인들도 있다. 좋게 말하면 자신이 담당하는 업무이니 자신이 가장 잘 알고 있다고 생각하여 본인이 일의 우선순위를 정하는 것이다. 하지만 그 일을 통해 만족시켜야 할 대상은 그 일을 요청한 고객인 상사라는 것을 명심해야 한다.

자기 위주로 소통하려고 하는 직장인이 많은 이유는 상사의 관점으로 의견을 개진했을 때 업무량이 많아지고, 그만큼 책임질 일이 많아졌던 과거의 경험 때문일 가능성이 크다. 상사가 원하는 결과물을 만들기 위한 전략과 방법을 이야기하면 일이 점점 커지고 그 일을 고스란히 자신이 수행해야 하는 상황이 머릿속에 그려지기 때문에 본인이 일하기 편한 방법을 중심으로 소통하게 되는 것이다.

이렇게 자신을 보호하기 위한 방어적인 자세로 소통하게 되면 당신이 추후에 논리적인 의견을 제시하더라도 상사가 귀를 닫아 버릴 가능성이 크다. 상사가 듣고 싶어 하는 말만 골라서 하라는 것이 아니다. 상사가 무엇을 궁금해하는지 사전에 파악하고 이를 기반으로 하는 소통해야 한다.

둘째, 해당 업무에 대해 제대로 모르고 있는 것이 드러날까봐 걱정되기 때문이다

자신이 일의 결과물이 무엇인지 명확하게 모르고 있다고 생각하는 것은 아닌지 두려워서 자신의 생각을 상사에게 전달하는 것을 어려워한다. 제대로 소통하지도 않았는데 자신이 한 일 또는 할 일에 대한 자신감이 없어 스스로를 위축시킨다. 이는 필요 이상으로 자신을 과소평가하고 스스로 스트레스 받는 상황을 만드는 것이 아닐까 싶다.

상사가 의도하고 있던 결과물과 다르게 해석하고 있다는 사실을 들킨다는 것은 매우 자존심 상하는 일일 뿐 아니라 질문을 한다는 것은 몰라서 더 알고자 한다는 것인데 이는 자신이 모른다는 것을 인정하는 셈이 된다. 따라서 이러한 트라우마가 있는 직장인들은 정말 이해가 되지 않더라도 지레짐작하여 평소 상사가 원하는 스타일대로 '이걸 말하는 거겠지.' 하며 일을 수행한다. 일을 짐작으로 수행하게 되면 그 일을 해도 되는 것인지 스스로 확신이 없어진다. 확신이 없으면 의사 결정이 늦어지고 일에 몰입할 수 없게 된다. 계속 일에 대해 모르고 있는 것보다 지금 이 순간 모르는 것을 인정하고 제대로 아는 것이 더 현명한 선택이다.

셋째, 상사와의 소통 자체를 두려워하기 때문이다

혼나게 될 상황이 상상되어 소통하기 싫다는 마음이 생기는 경우는 보통 늘 혼내기만 하는 상사가 있는 경우이다. 평상시에 간단한 대화를 하기도 어려운 호랑이 상사들에게 지시한 내용을 다시 한 번 확인한다는 것은 일부러 욕을 먹으려고 작정한 것과 다름없다고 생각할 것이다. 그러나 이러한 유형의 상사와도 소통을 잘하는 사람도 분명히 있다. 정말로 늘 혼내는 것에 혈안이 되어 있는 상사가 아니라면 왜 늘 혼이 나는지 원인을 먼저 찾아 개선을 해야 한다.

늘 혼나는 것도 아닌데 소통이 두렵다면 자신의 마음 상태를 살펴볼 필요가 있다. 어렸을 때 선생님께 크게 혼난 경험이 있거나 내향적이어서 말하는 것이 어렵다면 원활한 직장생활을 위해 반드시 개선해야 한다. 구두로 하는 소통이 어렵다면 이메일이나 SNS, 문자메시지 등 다른 소통

도구를 활용하는 등 대안을 찾아 소통 자체에 대한 어려움을 극복해야 한다. 직책이 올라갈수록 공식적인 자리에서 발표나 보고를 해야 하는 경우가 많아진다. 사전에 극복하지 않으면 짧은 시간 안에 최고경영층의 눈에 들어야 승진 가능성이 높아지는 전략 회의 등에서 자신의 역량을 충분히 발휘하지 못하는 아쉬운 상황이 발생할 수도 있다.

우리는 제한된 자원을 가지고 있다. 시간도 마찬가지이다. 부족한 돈과 같은 자원은 어딘가에서 빌려 올 수 있지만 시간은 대체할 수 없다. 나의 잘못된 순간의 판단과 이해로 인해 조직 전체가 비효율적인 상황에 처해 피해를 입을 수도 있다. 과제를 부여받는 순간부터는 한정된 자원을 가장 효율적으로 사용해야 하기 때문에 늘 상사가 원하는 결과물을 중심으로 일을 바라보고 접근해야 한다. 일을 요청한 상사의 관점에서 상사의 니즈와 원츠가 무엇인지를 파악해야 고객이 원하는 결과물을 낼 수 있다는 의미이다.

상사와의 원활한 커뮤니케이션을 위해서는 자신의 현재 상태를 먼저 전달하는 것이 매우 중요하다. 당신이 어떤 정보를 얼마나 주느냐에 따라 상사가 더욱 효과적으로 일을 지시할 수 있다. 이번 일을 수행하는 데 있어서 당신이 적임자인지 아닌지 판단이 가능하며, 지시한 일을 제대로 이해했는지, 일을 하고 있는 단계라면 자신의 의도가 제대로 반영되었는지 등 상사는 당신에게 궁금한 것이 생각보다 많다.

혹시 시도 때도 없이 호출하는 상사와 함께 일하는 것이 피곤한가? 그렇다면 상사 역시 당신과 일하는 것이 피곤할 수도 있겠다는 생각을 해 볼 필요가 있다. 상사가 원하는 정보를 묻기 전에 먼저 제공해 주지 않기 때문에 본인이 스스로 챙겨야 하는 번거로움을 겪고 있을 수도 있다.

필요 이상으로 호출하는 상사들 때문에 스트레스를 받는 직장인이 많은데, 상사는 우리가 만족시켜야 할 제1의 고객임을 명심해야 한다. 상사의 행동이 귀찮다고 투정을 부리기 전에 상사가 궁금해하지 않도록 먼저 찾아가 궁금증을 풀어 주는 것이 우리가 할 일이다.

처방 01 상품을 그려라

해야 할 일을 파악하라 | 일의 목적지를 정하라 | 결과물의 조감도를 그려라 | 집중해야 할 핵심 변수를 선택하라 | 상사의 코칭을 요청하라

처방 02 실행을 나눠라

선행 과정 목표를 찾아라 | 목표를 주기별로 세분화하라 | 변수별 실행 방법을 수립하라 | 스케치 페이퍼를 위임받아라 | 통제 가능한 플랜 B를 준비하라

처방 03 품질을 논하라

데이터로 GAP을 분석하라 | 대상별 만회 대책을 수립하라 | 필요 역량을 개발하라 | 상사에게 자질 평가를 받아라

PART 2
어떻게 제대로
일하는가

Commercialize Your Work

Commercialize Your Work ────────────────

 직장에서는 각 단위 조직과 구성원들이 목표를 달성하고 반드시 성과를 내야 한다. 그래야 존재의 목적을 이룰 수 있고, 일을 주도적으로 이끌어 나갈 수 있다.
 그렇다면 성과를 내기 위해서는 어떻게 일해야 할까? PART1에서 각자가 어떤 점이 부족한지 문제점을 짚어 보는 시간을 가졌다면, PART2에서는 본격적으로 어떻게 하면 일을 제대로 할 수 있는지 구체적인 방법론을 이야기하고자 한다.
 직장에서 각자가 부여받은 일을 수행하여 성과를 내는 데에는 환경적 요소가 영향을 미칠 수밖에 없다. 그런데 이러한 환경에 영향을 미치는 것이 또 하나 있다. 바로 '목표'이다. 성과를 창출하기 위해서는 우리가 달성하고자 하는 성과가 무엇인지 목표를 정해야 하고, 목표를 잘 실현하기 위해서는 역량이 뒷받침되어야 한다. 따라서 성과는 목표와 역량, 환경의 영향을 받는다고 볼 수 있다.
 하지만 여기에서의 핵심은 목표를 설정할 때에는 이미 환경적 요인과 역량을 감안한다는 사실이다. 우리가 세워 둔 목표에는 이미 환경적인 요소와 역량적인 요소가 감안되어 있다. 따라서 목표하는 것을 이루어 성과를 낼 때 환경 탓을 하거나 역량 탓을 하는 것은 그야말로 핑계밖에 되지 않는다.

물론 목표를 달성해 가는 과정에서 애초에 감안하지 못한 환경적 요인이나 부족한 역량이 영향을 미치기도 한다. 그래서 환경적 요인을 10% 정도, 역량을 20% 정도 감안하지만 결정적인 영향을 미치는 것은 목표를 어떻게 설정하느냐에 달려 있다고 볼 수 있다. 대외적인 경기 침체로 시장 환경이 나빠졌다거나, 회사의 예산이 부족하다거나, 인력이 부족해서 성과를 낼 수 없었다는 것은 자신을 합리화하기 위한 핑계이며, 스스로의 한계를 정해 버리는 것과 같다.

우리는 일을 값싸고 질 좋은 상품으로 만들어야 하는 사람들이다. 직장의 성과에 기여하기 위해 자신의 역할을 분명히 이해하고 그 역할을 수행함으로써 주체적으로 목표를 완수해 내려는 책임감을 가져야 한다. 또한 일을 상품으로 만들어 가는 프로세스를 이해하고 실제로 현업에 적용함으로써 자신의 존재 이유를 업무의 가치 있는 결과물로써 증명해야 한다.

아마추어와 프로의 가장 중요한 차이는 아마추어는 자신이 한 일을 고객에게 돈을 받고 팔지 못하고, 프로는 자신이 한 일을 돈을 받고 팔 수 있다는 것이다. 프로는 자신이 한 일의 결과물을 자신의 고객인 상사가 늘 흔쾌히 구매하도록 하는 사람이다. 그러기 위해서는 고객이 원하는 결과물의 모습을 목표로 구체화하는 역량이 가장 중요하다.

목표를 달성하기 위한 가장 기초 단계는 기대하는 상품이 무엇인지 명확하게 그리는 것에서 시작한다. 그리고 나서 상사가 원하는 성과를 공감하고, 그 성과를 달성하기 위한 전략을 한정된 자원 내에서 효율적으로 수립하면서 반드시 실행하기 전에 서로가 협의를 해야 한다.

그리고 상사가 원하는 성과(상품)를 만들어 내기 위해 필요한 선행 목표들을 세분화하고 목표에 중요하게 영향을 미치는 변수들을 찾아내 각각의 변수에 맞게 최적화된 실행 방법을 수립해야 한다. 맡았던 일이 완료된 후에도 자신이 만들어 낸 결과물이 과연 상사와 거래할 만한 상품인가에 대한 평가가 필요하고, 자신의 역량을 키워 나갈 수 있도록 지속적이고 반복적인 피드백도 수반되어야 한다.

이와 같이 스스로 자기 완결적으로 일을 수행해 나가며 제대로 일할 수 있는 방법을 공부하고 적용해 봄으로써 지속적으로 고객과 거래할 만한 상품을 만들어 내야 한다.

처방 01
상품을 그려라

01 해야 할 일을 파악하라

해야 할 일은 역할이다

어느 직장이나 단위 조직별, 개인별로 업무 분장이 되어 있다. 직장의 존재 목적을 실현하기 위해 각 조직에 속한 구성원들이 담당해야 할 일들이 나누어져 있다. 직장은 매년 사업 계획을 통해 각 조직이 책임져야 할 성과 목표를 설정하고 이를 달성하기 위해 하위 조직과 구성원들에게 전략적으로 연계된 일과 성과 목표를 부여한다. 이 과정에서 상사는 하위 조직의 실무자들에게 매년 자신이 속한 조직의 성과 목표에 기여하기 위해 우선적으로 해야 할 일인 '역할'과 역할 수행을 통해 '책임'져야 할 성과 목표를 결정해 준다.

하지만 현실적으로 살펴보면 대부분의 조직은 역할과 책임을 상위에서 결정해 주는 것이 아니라, 하위에서 취합하여 상위로 보고하는 경우가 많다. 하위 조직의 실무자들로 하여금 해야 할 일과 달성해야 할 성과 목표를 수립하게 하고 상사가 수정·보완하는 형태이다. 팀장이나 팀원들의 입장에서 매년, 분기, 월마다 우선적으로 해야 할 일을 정하고 해야 할 일을 통해 이루어 내야 할 목표를 잡고 세부 실행 계획을 수립하는 일은 상당히 버겁다. 조직의 전체적인 관점에서 해야 할 일을 하는 것이 아니라, 부분적으로 일을 수행하다 보니 계속해서 문제가 발생하고 수정해야 하는 일이 많아지는 것이다.

이러한 업무 환경에서도 흔들림 없이 무사하게 조직의 성과 목표를 달성하게 만드는 중요한 요소가 있다. 바로 '역할'과 '책임'이다. 이 시대가 요구하는 인재는 조직에서 자신의 역할과 책임을 올바르게 인식하고 본질적인 역할을 찾아 집중하는 사람이다. 따라서 우리는 스스로 자신의 역할을 잘 알고 그에 걸맞게 행동하며 책임을 완수하고 있는지 점검해 볼 필요가 있다.

가장 먼저 우리가 일을 하는 이유부터 되돌아 보자. 우리가 일을 하는 이유는 상사가 원하는 결과물인 성과, 즉 상품을 만들기 위해서이다. 그런데 여러 가지 전략과 방법을 실행해 보았음에도 일이 잘 진행되지 않거나 일을 마무리한 후에 보고를 해도 상사가 만족하지 못한다면 일을 시작했던 최초 시점으로 되돌아가 볼 필요가 있다.

일이라는 것은 통상 중간 과정에서 이런저런 이유들이 개입되면서 애초의 목적과 방향을 잃기 쉽다. 그럴 때일수록 처음으로 돌아가 그 일의 목적과 배경에 대해 다시 생각해 보아야 한다. 목적과 방향을 명확하게 짚어 본다면 스트레스 받지 않고 상사가 원하는 결과물을 달성하기가 좀 더 쉬워진다.

그중에서도 가장 먼저 확인해 봐야 할 것은 '과연 내가 수행하고 있는 일들이 성과 달성에 중요한 일인가?' 하는 것이다. 다시 말해, '내가 지금 하고 있는 일이 조직의 성과와 밀접한 관계가 있는가?', '내가 하고 있는 일이 가치 있는 일인가 혹은 돈이 되는 일인가?' 하는 것이다. 내가 하고 있는 일들이 상사가 원하는 결과물과 연관성이 낮은 과제일 수도 있기 때문이다.

어느 직장에서든지 시시때때로 주어지는 일들로 인해 정신이 없는 모습을 쉽게 볼 수 있다. 하고 있는 일이 왜 그렇게 많은지 살펴보면, 과거에 선배들이 만들어 놓은 기획서와 보고서들을 보면서 괜찮다 싶은 내용들을 포함하기도 하고 동종의 다른 회사들이 시도했거나 하고 있는 일들이 좋아 보여서 이것저것 모으다 보니 해야 할 일이 점점 늘어나는 경우가 많다. 해야 할 일이 많다며 투덜거리다가도 '내가 열심히 많은 일을 하다 보면 상사가 알아서 좋은 평가를 주겠지.'라고 생각한다.

더욱이 많은 직장인이 왜 이 일을 해야 하는지 목적을 제대로 알지도 못한 채 그저 열심히 일하는 경우가 많다. 때로는 너무 바빠서 일하는 이유와 목적을 생각하지 못한 채 일하기도 하고, 때로는 자신이 생각하는 이유와 목적과 다른 현실을 개선할 수 없기 때문에 체념하면서 일하기도 한다.

해야 할 일들 중에서 역량을 집중하여 수행해야 할 일이 무엇인지 우선순위를 정해 놓지 않으면 우리는 늘 눈앞에 떨어진 긴급한 일에 묻혀 살 수밖에 없다. 자꾸만 우선 급해 보이는 일부터 해결하려고 하면 진짜 중요한 일은 놓치고 만다. 중요하진 않지만 시급한 일들로 인해 당신은 늘 일에 끌려다니게 될 것이다.

　많은 시간을 투자해서 이것저것 많은 일을 한다고 해서, 내가 다른 동료들보다 더 바쁘게 일한다고 해서 그 모든 일이 성과를 보장해 주지는 않는다. 자신이 단순히 남들보다 많은 시간을 근무하는 것은 남에게 보여주기 위한 '내가 하고 싶은 일'에 해당한다. 분명한 목적 없이 자신이 하고 싶은 일들을 많이 모아서 나열하는 것은 큰 의미가 없다.

　상사는 당신이 얼마나 많은 일을 하는가에 대한 '업무량'을 궁금해하지 않는다. 상사는 오로지 조직의 목표를 위해 당신이 얼마나 좋은 '품질'의 업무를 신속하게 수행하느냐에 관심을 둔다. 따라서 상사를 만족시키기 위한 양질의 상품을 만들어 내려면 '내가 하고 싶은 일'이 아니라 '내가 해야 할 일'을 해야 한다. '하고 싶은 일'과 '해야 할 일'은 다르다. 개인의 관점에서 하고 싶은 일을 하지 말고 철저하게 조직의 관점에서 자신이 속한 조직에 기여하기 위해 해야 할 일을 찾아야 한다. 그것이 일을 제대로 하는 첫 번째 방법이다.

　그렇다면, 자신이 '해야 할 일'을 어떻게 도출해야 하는지 구체적으로 알아보도록 하자. '해야 할 일' 혹은 전략 과제란 '자신의 일 중에서 조직의 성과 창출에 가장 결정적인 영향을 미칠 수 있는 핵심 성공 요인이자, 정해진 기간 내에 선택하고 집중하여 역량을 쏟아부어야 할 가장 우선순위 과제'를 말한다. 다시 말해, 자신의 일 중에서 결과에 대한 성과 책임을 져야 할 만큼 선택과 집중을 해야 하는 중요한 일을 의미한다. 일반적으로 조직에서는 전략 과제, 주요 과제, 핵심 과제 등으로 다양하게 불린다.

'해야 할 일'을 표현하는 방법에도 요령이 필요하다. '해야 할 일'은 구체적인 타깃의 업무 수행 방향을 상세하게 표현해야 한다. 예를 들어 '20대 여성 고객 마케팅 강화', '30대 전문직 여성 신규 고객 확보', '대리급 이하 기획 역량 강화' 등과 같이 구체적인 타깃을 정해 어떠한 방향으로, 어떻게 업무를 진행할지 방향성이 함께 포함되어야 한다.

'해야 할 일'은 자신이 책임지고 업무를 수행해야 하는 중요한 과제인 동시에 결과물의 성공 여부를 가늠하는 평가 항목의 성격을 지닌다. 따라서 세 가지 조건을 충족시켜야 한다.

첫째, 한정된 자원을 우선적으로 배분할 만큼 중요한 과제여야 한다

조직이 가지고 있는 인력, 시간, 정보, 예산과 같은 자원은 한정되어 있고 달성해야 할 조직의 성과 목표 수준은 높기 때문에 조직의 성과 목표 달성에 결정적인 영향을 미치는 일들을 잘 선별하여 선택과 집중을 하는 것이 매우 중요하다.

둘째, 실제로 성과 창출이 가능해야 한다

자신이 속한 조직이나 직장의 성과 목표, 비전과 연계되어 과제를 수행하고 나면 상위 조직의 성과에 직접적인 영향을 미칠 수 있어야 한다. 또한 실제로 성과 창출이 가능하여 달성 정도를 측정할 수 있고 달성을 하지 못했을 때 원인을 분석하고 만회 전략을 세울 수 있는 방향성을 제시해 주어야 한다.

셋째, 자신이 통제 가능한 실행 방법이어야 한다

조직에 기여하기 위한 일을 진행하는 과정에서 자신이 실행 방법에 대해 직접적인 의사결정을 할 수 있어야 한다. 성과를 창출하기 위한 실행 과정을 통제할 수 있어야 해당 과제를 달성하고자 하는 간절함이 높아지고, 이를 바탕으로 자기주도적이고 의욕적으로 실행할 수 있기 때문이다.

자신이 업무 수행을 통해 내놓아야 할 일의 결과물은 곧 상사와 거래할 상품이다. 그렇기 때문에 자신이 하기 쉽고 하기 좋은 일을 선택하는 것이 아니라, 그 일을 요청한 상사를 만족시킬 수 있는 상품을 만들어 낸다는 마음가짐이 필요하다. 그중에서도 제일 먼저 하게 되는 '해야 할 일'을 선정하는 과정은 한 해 동안 자신이 수행하는 업무에 대한 방향을 제시하고 업무 수행 결과의 성공 여부를 판단하는 기초적인 단계이다.

그렇다면 '해야 할 일'을 제대로 파악하기 위해서는 어떻게 해야 할까? '해야 할 일'은 크게 3단계를 거쳐서 선정하면 된다.

도표 1 | '해야 할 일' 선정 단계

1단계	2단계	3단계
조직의 성과 목표와 전략 분석	최우선적으로 해야 할 일 도출	추가로 해야 할 일 선정

첫째, 조직의 성과 목표와 전략을 분석한다

연간 단위가 되었든 월간 단위나 주간 단위가 되었든 '해야 할 일'을 제대로 파악하기 위한 가장 중요한 작업이 바로 분석이다. 우선 연간 단위나 반기 단위의 '해야 할 일', 즉 자신이 가장 우선적으로 역량을 쏟아부어야 할 우선순위가 높은 일을 파악하기 위해서는 자신이 속한 상위 조직의 성과 목표와 전략을 분석하는 것이 핵심이다.

상위 조직의 성과 목표 달성을 위해 선행적으로 완수해야 할 일들 중에서 나의 업무 분장과 연계된 것이 바로 내가 한 해 동안 가장 우선적으로 실행해야 할 일이다. 그리고 자신이 한 해 동안 역할 수행을 통해 자신이 속한 조직에 기여해야 할 가장 궁극적인 성과 목표가 무엇인지 생각해 보고 그 성과 목표를 달성하기 위해 '해야 할 일'을 도출해 보는 것도 중요하다.

조직에 기여해야 할 가장 궁극적인 성과 목표를 예로 들면, 영업은 매출액을, 구매는 구매 원가 절감액을, 생산은 제조 원가 절감액을, 연구개발 조직은 '올해 안에 개발하기로 한 결과물이 애초에 원하는 기준으로 기간 내에 제대로 개발되었는가.'일 것이다. 자신의 성과물에 여러 가지가 있겠지만 그중에서도 가장 상위 조직에 비중 있게 기여할 성과 목표가 바로 궁극적인 성과 목표이다.

'해야 할 일', 즉 중요한 과제를 찾기 전에 반드시 그 일을 해야 하는 이유부터 알아야 한다. 이 일을 통해 얻고자 하는 결과물이 무엇인지 목표가 명확해야 수행할 과제들이 결정되고 과제들 가운데에서도 성과와 연계된 중요한 일이 무엇인지 파악할 수 있다. 여기서 중요한 과제를 선별하는 기준은 일을 수행하는 '실무자'가 아니라, 일을 요청하는 '상사'가 정해 주는 것이 가장 정확하다. 조직의 성과를 책임지고 있는 상사는 각 실무자가 조직에 어떻게 기여해야 하는지, 그 일의 목적이 무엇인지 가장 잘 알고 있기 때문이다.

따라서 자신이 '해야 할 일'을 선정하기 위해 가장 먼저 조직의 성과 목표와 전략이 어떻게 구성되어 있는지 구체적으로 확인하고 분석해야 한다. 그리고 자신의 역할과 연계된 '해야 할 일'들이 무엇인지 구체적으로 따져 보아야 한다.

스포츠 의류 매장 영업팀 실무자의 경우, 일반적으로 '브랜드 홍보 강화', '업무 프로세스 개선', '매출 증대'라는 과제를 가장 빈번하게 사용한다. 이러한 과제들은 '열심히 하겠다.'에 불과하지, 명확하게 '무엇을, 얼마나 기여하겠다.'라는 것이 불분명하다. 매장의 성과 목표와 전략에 포커스를 두면, 그중에서 자신이 무엇을 기여해야 할 것인가를 구체적으로 볼 수 있다.

스포츠 의류 매장 영업팀의 전략 과제가 '4/4분기 매출 구조 다변화'라고 할 때, '매출 구조 다변화'라는 전략 과제 수행을 통해 이루고자 하는 성과 목표는 '영업이익률 2% 향상'이라고 이미 수립되어 있을 것이다. 그렇다면 이 매장의 영업팀에 속한 이 대리는 현재 매출 구조가 어떤 형태인지를 확인하는 것이 우선이다. 현재 고객층별로 매출 구조가 어떠한지 분석해 보고 그중에서 매출이 저조한 고객층을 개선함으로써 매출 구조를 다변화시키는 데 기여할 수 있다. 고객층별 매출액을 분석해 보니 여성 고객의 매출이 꾸준히 증가하여 주요 매출의 핵심이었다.

반면, 남성 고객층은 장기간 매출이 지지부진하여 남성 고객층을 대상으로 한 영업의 활성화가 시급하다. 이러한 판단 아래 매출이 저조한 남성 고객층을 개선함으로써 매출 구조를 다변화시키는 데 집중하기로 했다. 내가 '해야 할 일'은 이처럼 매장 성과 목표에 결정적으로 영향을 미칠 만한 업무에서 설정해야 한다.

또한 전년도 성과를 분석해야 한다. 전년도 성과 목표와 실제 성과와의 갭(Gap)을 분석해서 원인이 무엇인지 찾아내야 한다. 그래서 올해도 자신의 성과 창출에 영향을 미칠 수 있는 요인들을 '해야 할 일'로 도출해야 한다. 대부분의 직장인은 '해야 할 일'을 찾을 때 전년도에 했던 일들을 그대로 승계하는 경우가 많다.

그런데 이는 바람직하지 않다. 매년마다 자신이 상위에 조직 기여해야 할 성과 목표는 달라지게 마련이다. 따라서 달라진 성과 목표에 따라 역량을 쏟아부어야 할 일의 우선순위도 당연히 달라진다. 그리고 통상적으로 SWOT 분석을 통해 '해야 할 일'을 많이 도출하는데, 반드시 조직이나 개인이 달성하고자 하는 궁극적인 성과 목표를 먼저 설정하고 성과 목표 달성에 결정적인 일들을 도출하는 것이 바람직하다.

연간 단위나 반기 단위, 월간 단위로 성과를 분석할 때는 애초에 성과 목표를 설정했을 때 전제했던 전략을 분석하는 것이 중요하다. 성과 목표를 설정했을 당시의 전략은 무엇이었는지, 중간에 어떤 전략들이 추가적으로 실행되었는지, 그 전략들이 성과 목표 달성에 어떻게 영향을 미쳤는지 인과관계를 구체적·객관적 사실을 중심으로 분석해야 한다.

올해 자신이 속한 조직의 성과에 기여하기 위해 우선적으로 '해야 할 일'을 도출하고, 전년도 성과 분석을 통해 올해 꼭 '해야 할 일'을 도출했다면 '해야 할 일'을 파악하는 것은 어느 정도 되었다고 볼 수 있다. 혹시 조금의 여유가 있다면 자신이 맡은 역할과 관련하여 2~3년 후의 성과를 위해 올해 미리 선행적으로 준비해야 할 과제를 도출하여 올해 '해야 할 일'로 설정해서 추진하는 것도 좋다.

이번 달, 이번 주, 오늘 내가 '해야 할 일'이 무엇인지 파악하기 위해서는 항상 공간적인 관점에서 상위 조직에 기여해야 할 것이 무엇인지 분석해야 한다. 시간적인 관점에서는 월간 단위의 '해야 할 일'은 분기나 반기, 주간은 월간, 일일은 주간 단위의 성과 목표에 기여해야 할 선행적 '해야 할 일'이다.

결국 '해야 할 일'을 제대로 파악하기 위해서는 분석이 핵심이다. 분석 작업이 제대로 이루어지지 않으면 '해야 할 일'은 계속 실질적인 성과와 상관없는 '일을 위한 일'이 될 가능성이 크다.

둘째, 자신의 역할과 연관되어 최우선적으로 '해야 할 일'을 도출한다

자신이 '해야 할 일'은 일정 기간 내에 소속된 조직에 기여해야 할 역할과 책임을 의미한다. 따라서 자신의 역할이 무엇인가를 확인하고 자신의 과제 목록에 포함시켜야 한다. 특히 상사로부터 과제를 부여받기에 앞서, 조직의 성과 목표를 달성하는 데 본인이 기여할 과제가 무엇일지 스스로 고민해 보고 상사와 함께 확인하는 자세가 더욱 바람직하다.

만약 점장이 매장의 목표로 '영업이익률 2% 향상'을 제시했다면, 이에 기여하기 위한 다양한 과제가 후보로 거론될 수 있다. 백화점과 연계하여 세일을 한다거나, 신규 회원 모집을 통해 고객층을 확대한다거나, 선물용 패키지 세트를 기획하는 등이 이익률을 향상시키기 위한 과제들이다. 그

중에서도 특히 영업팀에 속한 이 대리의 경우는 영업과 연관된 신규 회원 모집이나 매출액이 저조한 고객층을 개선하는 것을 이익률에 기여하기 위한 구체적인 '해야 할 일'로 선정할 수 있다.

셋째, 조직에게 부여받은 과제 외에 추가로 '해야 할 일'을 선정한다
조직에서 부여받은 일 외에도 중요하게 추진해야 할 일들이 있는지 검토해 보아야 한다. 조직이나 개인의 미션, 비전을 위해 중·장기적으로 수행해야 할 장기 프로젝트에서 추가될 수도 있고, 조직의 업무와 연관된 동료나 타 조직에 기여하기 위해 1~2개월 동안 단기적으로 수행할 과제일 수도 있다. 또한 전년도 성과 분석을 통해 제대로 실행되지 않아 올해 성과에도 영향을 미칠 수 있는 일들이 있으면 선정해야 한다.

상사가 부여하지는 않았지만 조직의 목표와 연관되어 자신이 기여해야 할 중요한 일들이 있는지도 살펴봐야 한다. 추가할 만한 일에 대해서는 해당 일을 자신의 올해 일로 반영할 것인가 하는 의사결정을 상사와 합의하여 최종적으로 결정해야 한다.

스포츠 의류 매장 영업팀의 이 대리는 영업 업무와는 직결되진 않지만 매장의 성과 달성에 중요한 영향을 주는 업무 오류가 자주 발생한다는 것을 파악하고, 자신이 이를 예방하기 위한 매뉴얼을 제작하여 공유하기로 했다. 이렇게 다양한 관점에서 도출된 일을 추가하여 팀장과 협의하고, 최종적으로 '해야 할 일'들을 결정하면 된다.

도표 2 | 스포츠 의류 매장 영업팀의 이 대리가 '해야 할 일' 사례

팀 성과 목표	영업이익률 2% 향상
이 대리가 중요하게 '해야 할 일'	비고(도출 근거)
1. 매출이 저조한 고객층 개선	나의 역할과 연관된 최우선 과제
2. SNS 홍보를 통한 신규 회원 모집	
3. 팀 업무 오류 개선을 위한 매뉴얼 제작	추가 선정 과제

'해야 할 일'은 조직 내에서의 자신의 역할이다. 따라서 일을 제대로 하기 위한 첫 번째 출발점은 바로 일정 기간 동안의 자신의 역할을 구체적으로 파악하는 것이다. 역할을 제대로 파악하기 위해서는 업무 분장 내에서 자신이 '해야 할 일'이 아닌, 정해진 기간 동안 상위 조직의 성과 창출을 위해 내가 기여할 수 있는 '해야 할 일'이 무엇인가를 정하는 것이 먼저이다.

우리는 직장 내에서 자신의 존재 이유를 반드시 성과로 증명해 내야 하는 최소한의 성과 단위이자, 실행 단위이다. 따라서 일을 하기 전에 자신의 고객인 상사와 같은 방향을 바라보아야 상사가 무엇을 원하는지, 자신이 어떠한 방향으로 역할을 수행해야 하는지 구체적으로 알 수 있다. 그러므로 상사의 성과 목표 달성을 위한 선행 전략 과제를 자신의 우선적인 '해야 할 일'로 연계시켜야 한다.

그러기 위해서는 무엇보다도 상사가 무엇을 원하는지, 자신이 중요하다고 생각하는 일이 조직의 성과 목표를 달성하는 데 기여할 수 있는 과제들인지 늘 분석하고 인과관계를 연계시켜 봐야 한다.

02

일의 목적지를 정하라

일의 목적이 성과 기준이다

요즘은 정부 정책으로 뜸해졌지만, 한동안 신용카드 발급이 남발되던 때가 있었다. 친구나 친척들이 신용카드 하나만 만들어 달라는 부탁을 하기도 하고, 사무실로 영업사원들이 직접 찾아오는 경우도 비일비재했다. 어떤 영업사원은 가입만 하면 10만 원의 사례금과 선물을 받을 수 있으니 가입만 하고 2주 후에 카드는 잘라 버리고 선물만 챙기라는 편법을 알려 주기도 했다. 나는 이런 식으로 일하는 영업사원을 보면 '저 사람은 실적을 올리려고 잔머리 쓰면서 일하네…….'라고 생각했다.

그 영업사원의 팀장은 사용하지도 않을 신규 카드를 무조건 많이 발급하는 것을 원했을까. 아마도 그렇지 않았을 것이다. 신규 카드를 발급한 고객들로 하여금 카드 수수료를 늘려 궁극적으로는 회사의 수익을 높이는 것이 본래의 목적이었을 것이다. 기본적으로 신용카드를 신규로 발급받는 고객의 수가 늘어나면 좋겠지만 카드만 발급받고 실질적인 추가 구매가 이루어지지 않으면 회사가 애초에 의도한 목적을 달성하지 못하는 것이 된다.

신용카드 발급 고객을 많이 확보하는 데 목적을 두기보다 카드 발급 고객의 수가 다소 적더라도 카드를 발급받은 고객의 추가 구매를 늘리는 쪽으로 일을 했어야 한다. 따라서 그 영업사원이 '신규 카드의 발급 건수'를 늘리는 것이 아니라, '사용 금액'에 초점을 맞춰서 일을 했다면 상사를 더욱 만족시킬 수 있었을 것이다.

일을 하기에 앞서 명심해야 할 것은 '내가 해야 할 중요한 일들을 왜 수행해야 하는가' 하는 목적을 파악하는 것이다. 즉 자신이 일을 수행할 때 이루고자 하는 목적을 분명하게 정하고 그 목적에 맞게 일해야 한다. 일을 하기 전에는 그 일을 통해 상사와 자신이 의도한 목적에 해당하는 기준을 측정 가능한 지표로 명확하게 만들 필요가 있다. 그래서 자신이 해야 할 과제들의 우선순위를 통해 '해야 할 일'을 정하고 나면, '목적지표'를 사용해야 한다.

'목적지표'는 업무 수행을 하면서 애초에 의도한 목적 달성 여부를 판단할 기준을 의미하며 '성과 기준'이라고도 부른다. 일반적으로 직장에서는 '핵심성과지표'라고 하여 약자로 KPI(Key Performance Indicator)라고 부른다. 목적지표는 일을 수행하기 전에 그 일을 왜 하는지, 무엇을 위해 하고자 하는지를 알려 준다. 특히 상사가 자신에게 원하는 일의 결과물이 무엇인지를 정확하게 이해하고 소통할 수 있는 단초가 된다. 따라서 직장에서는 업무목적지표를 핵심성과지표, 평가지표 등으로 활용한다. 자신이 어떤 일을 수행하면서 얻고자 하는 목적이 명확하지 않다면 일을 수행하는 자신조차도 어떤 결과물을 내놓을지 설명하지 못하고 상사와도 의사소통이 제대로 이루어지지 않을 것이다.

이러한 '목적지표'가 되기 위한 핵심적인 조건이 세 가지 있다.

첫째, 그 일을 통해 이루고 싶은 결과지향적인 지표여야 한다

다시 말해, '내가 해야 할 일'을 측정할 수 있는 여러 지표 중에서 그 일을 통해 의도한 대로 결과물을 만들어 냈는가를 가장 잘 판단할 수 있는 결과지향적이면서도 목적지향적인 지표여야 한다는 의미이다. 따라서 목적지표는 얼마나 열심히 노력했는가를 보기 위한 지표가 아니라 어떤 일에 대한 결과물, 목적물, 성과물의 이름인 셈이다.

우리가 중요하게 생각해야 할 점은 진정한 의미의 목표란 미래(1년 후, 3개월 후, 한 달 후, 프로젝트 종료 후)의 어느 시점에 이루고자 하는 강렬한 욕망이 객관적으로 표현될 수 있어야 한다는 것이다. 그러나 많은 직장인이 자신이 얼마나 열심히 실행했는가에 대한 노력 지표를 일하는 기준이라고 오해하는 경향이 있다.

예를 들어, 직장에서 승진 대상자를 선정할 때 영어회화 실력을 반영한다고 하면, 직장에서 원하는 영어회화 실력은 외국계 회사에서 프레젠테이션을 한다거나 계약을 체결할 수 있는 정도의 수준일 것이다. 그래서 그 기준으로 토익 스피킹, OPIc, 토플 등 공인 어학 점수를 취득했느냐의

여부로 승진 대상자를 선별하기도 한다.

그러나 대개의 경우, 승진 대상자가 되기 위해 영어 공부를 시작할 때 목표를 '매일 영어회화 1시간', '퇴근 후 영어 학원 결석하지 않기' 등으로 잡는다. 매일 1시간씩 공부하는 것이나 학원 결석하지 않기 등은 투입하는 노력이 얼마나 되는지를 보여 주는 노력 지표에 해당한다. 목표를 이루려면 결과지향적인 지표를 설정하여 자신이 목표를 달성했을 때의 결과물을 미리 알 수 있어야 한다.

먼저 직장에서 승진에 반영하는 여러 공인 어학 점수 가운데 취득하고자 하는 자격이 무엇인지 선택한다. 토익 스피킹이라면 레벨이, 토플이라면 점수가 결과지향적인 지표의 역할을 한다. 지표를 어떻게 선정했느냐에 따라 전략과 실행 방법은 달라진다. 토익 스피킹 레벨 취득이 목적인 사람은 파트 유형별로 공부 방법을 달리해야 하고, 토플 점수 획득이 목적인 사람은 말하기 능력뿐 아니라 듣기, 읽기, 쓰기 영역까지 공부해야 한다.

이렇게 결과지향적인 지표를 선정한 후에 달성하고자 하는 수준이 어느 정도 되는지 목표 수준을 결정하면 된다. 목적지표가 토익 스피킹 레벨이라면 레벨 8을 목표 수준으로 잡는다. 토익 스피킹 레벨 8은 내가 궁극적으로 이루고자 하는 목적지향적인 결과물이 무엇인지 명확하게 보여 준다.

둘째, 측정이 가능한 객관적 지표여야 한다

'목적지표'는 반드시 측정이 가능하고 예측 가능한 것이어야 한다. 객관화된 지표를 이용하여 과제 달성 여부를 측정할 수 없다는 것은 곧 관리를 할 수 없다는 것을 뜻하고, 결국 궁극적인 성과 목표를 달성할 수 없게 되는 것을 의미한다.

해야 할 일의 목적을 가장 정확하게 측정할 수 있는 기준이자 해야 할 일의 목적을 변수화한 것으로 금액, 수량, 건수, 비율 등이 있는데, 정량적으로 측정 가능한 값으로 전환한 것이라고 생각하면 된다. 그런데 지표를 설정하는 과정에서 흔하게 볼 수 있는 오류가 있다. 지표 도출을 용이하게 하기 위해 실제로 해야 할 일의 목적이 아니라 정량적인 지표 도출이 용이한 일의 측정 지표를 우선순위로 선정하는 것이다. 이는 수치화한다는 것의 의미를 제대로 이해하지 못해 벌어지는 결과라고 생각한다.

과제를 수치화한다는 것은 하고자 하는 일의 목적을 수치화하는 일이다. 일 자체를 수치화하라는 것이 아니라 과제 수행의 목적, 과제 수행이 완료된 결과물의 상태를 수치화하라는 것이다. 수치화한다는 것은 하고자 하는 일의 목적을 명확하게 밝히고 일을 하라는 것이고, 목적 없는 일을 하지 말라는 의미이다.

만약 객관적인 측정 지표의 형태로 기준이 되어 있지 않다면 일을 하는 과정에서 난처한 상황에 빠질 가능성이 크다. 특히 생산 부서나 영업 부서에 비해 상대적으로 추상적이거나 중·장기 프로젝트를 많이 다루는 연구개발 부서나 지원 부서의 경우, 일정 기간 내에 이루고자 하는 결과물을 객관적으로 측정할 수 있는 정량적 지표로 어떻게 표현할지 항상 고민해 보는 습관이 필요하다.

업무는 정성적인 것도 있고, 정량적인 것도 있다. 하지만 어떤 업무가 되었든 일정 기간 동안의 그 일의 목적은 있으며, 그것을 계량화하고 수치화하여 관리할 수 있다. 다만 수치화에 어려움을 겪는 것은 수행하는 기간 동안의 목적을 잘 알지 못하기 때문이다. 일의 목적에 대해 계속해서 의문을 가져야 한다. 핵심은 계량화가 아니라 목적이 무엇인지를 찾는 것이다.

따라서 복잡한 계산 방식으로 수치화하거나 계량화함으로써 일을 위한 일을 만들지 않아야 한다. 그보다 일의 목적을 명확하게 이해하고 이를 측정할 수 있는 지표로 만드는 것이 중요하다. 일의 목적을 계량화하지 않으면 무엇을 해야 하는지 알 수 없다. 지표를 설정하는 목적은 일을 하기 전에 그 일을 어떻게 해야 하는지 알려 주는 등대 역할을 하는 업무 수행 기준을 마련하기 위함이다.

셋째, 일하기 전에 결과를 예측할 수 있는 사전적 지표여야 한다

전략적으로도 조직의 목표와 연계되고 결과지향적이어야 명확한 '사전 업무 수행 기준'의 역할을 할 수 있다. 현업을 지원하는 지원팀들 중에는 지원 부서 본연의 역할을 제대로 수행하기 위한 지표로 '현업 지원 만족도'를 설정하곤 한다. 고객을 응대하는 부서의 경우도 이와 유사하게 '고객만족도' 등을 지표로 설정하는 경우가 많다.

그러나 만족도와 같이, 일이 끝나고 나서야 결과를 알 수 있는 사후판단지표는 핵심목적지표, 즉 KPI의 역할을 제대로 할 수 없다. 측정은 할 수 있겠지만, 일을 하기 전에 어떤 일을 해야 할지 그리고 그 결과를 예측하기가 어렵기 때문이다. 그 말은 곧 일을 어떤 기준으로 해야 하는지 명확한 목적을 찾기가 어렵다는 말이다. 이는 곧 성과를 달성하기 위한 세부 실행 계획을 제대로 수립하기가 어렵다는 말이며, 실행을 위한 추진 계획이 불투명하다는 말이기도 하다.

만족도에는 우리가 이 일을 왜 하는지 목적이 드러나지 않기 때문에 일을 하고 난 뒤에 그 일의 당사자인 현업 구성원들이나 고객들에게 "우리 일의 결과에 대해 만족했습니까?"라고 물어 그들의 판단에 맡길 수밖에 없다.

또한 사후판단지표는 일의 진행 상황을 알기 어렵다. 예를 들어, '3개월간 신규 고객 3천 명 확보'가 목표라면 3개월 동안 적어도 한 달에 1천 명 이상은 확보해야 목표를 달성할 수 있다. 그러나 진행 상황을 살펴보니 2개월 동안 1,500명밖에 확보하지 못했다면, 남은 1개월 동안 나머지 1,500명을 확보할 수 있는 전략이나 방법을 새로 구상해 보아야 한다.

반면에 분기 또는 연간 실시되는 만족도 같은 사후판단지표는 결과가 나오기 전까지는 일의 진행 상황을 알 수 없어 중간에 목표 달성을 위해 취할 수 있는 액션에 한계가 있다. 그저 경험을 바탕으로 해야 할 일을 최선을 다해 열심히 해서 좋은 평가를 받기를 바랄 수밖에 없다. 이를 두고 말하기 좋아하는 사람들은 '천수답 목표'나 '기우제 목표'라는 말로 비아냥거리기도 한다. 자신이 할 수 있는 일은 별로 없고 그저 비가 오기만을 기다려야 하는 전형적인 외부 의존적 목표이다.

따라서 사후판단지표는 조직 단위 또는 본부 단위에서 목표 수립 시 참고할 만한 지표는 될 수 있으나, 개인 차원에서는 지양해야 하는 지표이다. 그 일을 통해 이루고자 하는 결과물이 무엇인지를 사전에 명확하게 알 수 있어야만 결과물을 만들어 내는 데 결정적인 영향을 미치는 전략과 실행 방법을 수립할 수 있다.

도표 3 | '목적지표'의 핵심 조건 세 가지

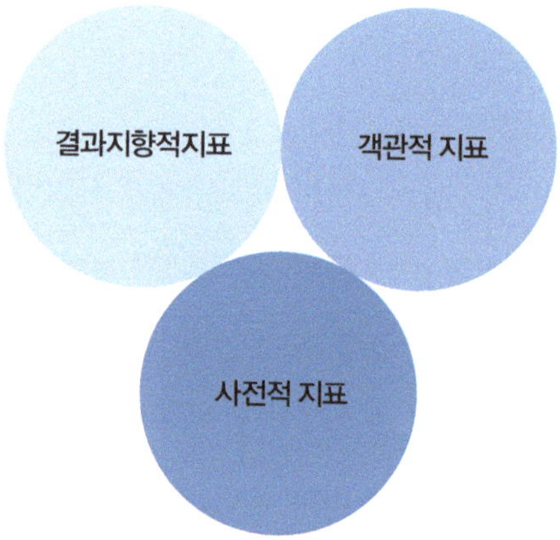

결과지향적지표

객관적 지표

사전적 지표

목적지표는 어떻게 설정하는 것이 좋을까. 목적지표는 실행하기 전에 자신이 '해야 할 일'을 수행해야 하는 이유와 달성해야 하는 목적이 무엇인지 명확하게 알려 준다. 이에 따라 목적지표를 설정할 때에는 세 가지 단계를 거쳐 설정하는 것이 중요하다.

첫째, 중요하게 '해야 할 일'에 대해 목적을 구체화한다

무엇을, 얼마나, 언제 투입했는가 하는 인풋 중심의 실행 지표가 아니라, 실행 결과가 드러났을 때 의도된 성과를 측정할 수 있는 아웃풋 중심의 지표여야 한다.

둘째, 객관적으로 측정 가능한 변수로 만든다

원칙적으로 객관적인 측정이 가능한 정량적 지표로 추출해야 한다. 앞서 말했듯이, 객관적으로 측정할 수 없다는 것은 곧 관리할 수 없다는 의미이기도 하다. 정성적인 업무라 할지라도 정해진 기간 내에 목적하고자 하는 결과물을 최대한 계량화함으로써 객관적으로 평가할 수 있는 상태로 만들어야 한다.

셋째, 원하는 목적지표의 수준을 결정한다

마지막으로, 각각의 목적지표에 대해 '어느 정도 수준까지 달성할 것인가'의 수준을 결정한다. 목적지표를 언제까지 어느 정도로 달성해야 하는지의 수준을 결정하고 나면, 목표의 달성 여부를 측정하고 관리할 수 있는 수치화된 지표가 설정되는 것이다. 또한 이 일을 통해 집중적으로 내놓아야 할 성과가 무엇인지 알 수 있다. 목표 수준을 설정할 때에는 달성 가능하고 실현 가능하며 도전적인 수준으로 설정해야 하는데, 이는 목표를 부여한 상사와의 협의가 전제되어야 한다. 개인이 수준을 설정하게 되면 조직 전체의 목표를 고려하기보다 개인 차원의 근시안적인 목표 수준으로 설정하는 오류를 범하기 쉽다.

스포츠 의류 매장 영업팀에 근무하는 이 대리는 과거 데이터를 바탕으로 목적지표 '남성 고객 의류 제품 매출액'에 대한 목표 수준을 8억 원으로 설정하면 상당히 도전적인 목표라고 생각했다. 그러나 점장은 매장의 목표인 '영업이익률 2% 향상'을 위해서는 고수익 아이템인 40~50대 남성의 등산복 판매 매출액을 확대해서 총 매출액 10억 원을 목표 수준으로 둘 것을 요청했다. 4~50대 남성의 등산복은 최근 구매율이 꾸준히 증가하고 있는 기회 요인을 고려하여 이 대리는 점장이 요청한 목표 수준에 합의하기로 했다. 이처럼 상사는 숲을 보고 의사결정을 하기 때문에 목표 수준을 설정할 때에는 상사와 협의하는 과정이 반드시 필요하다.

'해야 할 일'에 대한 '목적지표'는 일대일로 설정하는 것이 올바른 방법이다. 즉 '목적지표'는 '해야 할 일'별로 하나씩만 설정해야 한다. 최적의 지표를 설정해서 자원과 역량을 집중해야 그 일의 결과물을 달성할 가능성이 높아지기 때문이다. 일의 결과물에 대해 측정할 수 있는 지표는 다양하겠지만 그중에서도 가장 목적지향적이고 계량화가 가능하며 사전 지표로써의 역할을 할 수 있는 목적지표를 하나만 결정하도록 한다.

목적지표와 목표 수준의 최종 결정권은 그 일을 요청한 상사에게 있다는 것을 항상 기억하고 자신이 생각한 목적과 수준이 맞는지는 반드시 상사에게 직접 확인하도록 한다. 이렇게 상사와의 협의 과정을 거치면 목적지표가 최종적으로 결정된다.

도표 4 | 스포츠 의류 매장 영업팀 이 대리의 '목적지표' 사례

팀 성과 목표	영업이익률 2% 향상	
이 대리가 중요하게 '해야 할 일'	목적지표	목표 수준
1. 매출이 저조한 고객층 개선	남성 고객 의류 제품 매출액	10억 원
2. SNS 홍보를 통한 신규 회원 모집	신규 회원 수	1천 명
3. 팀 업무 오류 개선을 위한 매뉴얼 제작	업무 오류 건수	0건

03

결과물의 조감도를 그려라
미래는 창조하는 것이다

현대 경영학의 아버지라 불리는 피터 드러커는 이렇게 말했다.

"미래는 예측하는 것이 아니라 창조하는 것이다."

이 말을 처음 접했을 때 전율이 돋을 만큼 멋진 말이라고 생각했다. 그리고 두 번, 세 번씩 되풀이하여 음미하면서 그 문장 속에 내재된 뜻이 무엇인가를 고민한 끝에 결론에 도달했다. '미래는 열심히 노력하다 보면 잘될 것이다.'가 아니라 '내가 기대하는 미래는 이러이러한 모습이다.'라고 미리 구체적으로 그려 놓고 시작해야 자신이 원하는 미래를 만들 수 있다는 의미이다.

경영에 대해 관심이 있는 사람이라면 잘 알고 있듯이 피터 드러커는

MBO(Management By Objectives : 목표에 의한 관리, 목표 관리)라는 개념을 처음 정립했다. 그의 저서들을 읽어 보면 '미래'와 '목표'라는 개념이 유독 많이 등장하는 것을 볼 수 있다. 사실 미래와 목표는 같은 의미라고 해도 무방하다. 목표란 미래의 어느 시점에서 업무 수행을 통해 이루고자 하는 결과물의 모습을 눈에 보이듯이 명확하고 구체적으로 표현해 놓은 것이다. '목표(目標)'의 한자 의미를 해석해 보면 '눈으로 원하는 것을 볼 수 있도록 표현한 상태'라는 뜻이다.

피터 드러커의 핵심 저서인《자기경영노트》에는 목표 달성 능력의 습득 방법이 아주 잘 정리되어 있다. 목차를 보면 시간을 관리하는 방법, 목표에 초점을 맞추는 방법, 강점을 활용하는 방법, 중요한 것부터 먼저 해결하는 방법, 의사결정에 영향을 주는 방법의 순서로 되어 있다.

피터 드러커는 왜 목표 달성 능력을 기르기 위해 시간 관리를 첫 번째 이슈로 제시했을까. 그것은 바로 시간이야말로 우리가 가진 가장 한정적인 공통 자원이기 때문이다. 돈이야 부족하면 얼마든지 빌릴 수 있지만 시간이라는 자원은 지나가 버리고 나면 대체할 수 없다. 그래서 한정된 시간 내에 우리가 원하는 것을 이루기 위해서는 일정 시간이 지난 미래의 어느 시점에 우리가 원하는 목표를 마치 이룬 것과 같이 구체적으로 창조하여 그리라고 한 것이다.

피터 드러커가 강조했듯이, 미래의 어느 시점에 이루고자 하는 결과물의 모습을 눈에 보이듯이 명확하고 구체적으로 표현하는 것이 과연 가능한 것이며 의미가 있는 것일까. 이에 대한 해답은 중국의 문동(文同, 960~1279)이라는 사람에게서 찾을 수 있다.

문동은 대시문과 글씨, 특히 죽화(竹畵)에 뛰어난 중국 북송시대 문인이자 화가였다. 그와 절친한 시인 조보지(晁補之)가 '문동이 대를 그리고자 할 때는 마음속에 이미 대나무가 그려져 있다(與可畵竹時 胸中有成竹)'라고 시를 쓴 적이 있는데, 그 이야기에서 '흉유성죽(胸有成竹)'이라는 한자성어가 유래되었다.

'흉유성죽'은 그림을 그리기 전에 무엇을 그릴 것인지 그 의도와 모습이 확실히 정해져 있어야 한다는 의미이다. 대나무를 그리려고 하는데 마음속에 대나무 그림이 없다면 당연히 그릴 수 없다. 그리다 보면 대나무가 되는 것이 아니라 내가 그리고자 하는 대나무가 있어야 대나무 그림이 완성된다. 실제로 문동은 대나무를 그리기 전에 늘 대나무가 자라는 모습, 가지 치는 상태, 잎이 우거지는 모습, 죽순이 나오는 모양과 자라는 모습을 꼼꼼히 관찰하여 대나무의 모든 것을 터득하였기 때문에 대나무 그림을 생생하게 그릴 수 있었다고 한다.

중국에서는 '흉유성죽'을 자신만만하다의 의미로도 해석한다고 한다. 맞는 말이다. 무슨 일을 하기 전에 이미 내가 이루고자 하는 결과물의 모습을 알고 시작하니까 자신만만할 수밖에 없다. 일에 있어서도 '흉유성죽'의 마음가짐이 필요하다.

당신이 하는 일을 통해 이루고 싶은 모습이 머릿속에 분명하게 새겨져 있는가? "그렇다."라고 확신에 찬 대답을 했다면, 당신은 분명히 그 결과물을 성취할 수 있을 것이다. 그러나 대답을 망설이고 있다면, 당신이 원하는 그 결과물을 제대로 만들어 낼 가능성은 줄어든다.

열심히 일을 했는데도 기대했던 성과를 내지 못하는 가장 큰 이유는 주변 사람이나 환경보다 스스로 일하는 방식에 문제가 있는 경우가 더 많다. 특히 일을 어떻게 처리하는지 규정이나 지침, 절차는 잘 알고 있지만, 일을 통해 달성하고자 하는 결과물은 잘 모르고 있는 경우가 많다.

우리가 일을 할 때 '무엇을 어떻게 해야 할까?'라는 방법을 고민하기 전에 '이 일을 왜 해야 하는 거지?', '이 일을 하는 이유가 뭐지?' 등과 같이 그 일을 통해 달성하고자 하는 결과물, 이유가 무엇인지를 정확하게 알아야 무엇을, 어떻게 해야 할 것인가가 보인다. 즉 자신이 일을 통해 이루고자 하는 결과물을 정조준해야 해야 할 일들이 구체적으로 결정된다는 의미이다.

따라서 일을 할 때, 흉유성죽이라는 한자성어를 염두에 두고 '내가 이 일을 완성했을 때 기대하는 모습은 구체적으로 어떤 상태의 이미지일까?'를 미리 그려 본 후에 일을 시작하는 것이 바람직하다. 완성된 결과물부터 생생하게 그릴 수 있어야 상사와 자신 있게 거래할 수 있는 제대로 된 상품인 일의 결과물을 만들 수 있기 때문이다.

완성된 결과물을 그려 본다는 의미는 업무 수행을 통해 얻고자 하는 결과물의 세부 구성 요소와 상태들을 입체적인 이미지로 그려 내는 것을 말한다. 다시 말해, 일을 통해 이루고자 하는 결과물을 구성하는 요소 혹은 타깃들을 구체적으로 나열해 보고 마치 결과물이 완성된 듯이 생생하게 구조화해 보라는 의미이다.

일을 하기 전에 그 결과물을 미리 그려 보는 작업은 건물을 짓기 전에 완성될 건물이 어떠한 모습인지를 그려 놓은 '조감도'와 유사하다. 집을 지으려면 반드시 조감도와 설계도가 필요하다. 집을 짓기 전에 완성하고

자 하는 건물의 모습이 어떠한가를 보여 주는 조감도와 마찬가지로, 일의 결과물을 조감도처럼 구체화하여 이루고자 하는 결과물의 모습이 어떠한지 사전에 확인해야 한다.

그래서 일을 하기 전에 미리 어떤 모습인지를 알고 시작한다는 의미에서 이 단계를 '조감도화'라고 부르기도 한다. 조감도는 높은 곳에서 내려다본 상태의 그림이나 지도를 의미한다. 조감도는 최대한 구체적으로 그려서 숫자와 시각적 이미지를 통해 결과물을 미리 본 것과 같이 작성한다. 생생한 조감도가 정확한 전략과 실행을 가능하게 하고 나아가 원하는 성과로 이어지기 때문이다.

조감도를 통해 목표를 구성하고 있는 타깃을 찾아 어떤 부분을 집중적으로 공략해야 전체 목표가 달성 가능할 것인가를 미리 시뮬레이션해 볼 수 있다. 자신이 달성하고자 하는 목표에 대한 조감도를 구체적으로 구상하지 않고 무턱대고 실행으로 옮기는 것은 건물을 지을 때 설계도 없이 경험이나 느낌으로 집을 지어 나가는 것과 다를 바 없다.

수많은 조직의 실무자들을 보면 대개 일을 통해 궁극적으로 이루고자 하는 결과물을 알고 시작해야 한다는 데는 동의한다. 하지만 일의 결과물을 조감도화해 보는 것을 매우 어려워한다. 이루어진 결과물이 대충 무엇인지는 알 것 같은데, 구체적인 모습으로 그것도 계량화된 형태로 표현해 보려니 잘 되지 않는 것이다.

조감도를 제대로 그리지 못하는 가장 중요한 이유는 이루고자 하는 결과물과 관련된 데이터가 없거나 일의 현재 상태(As-Is)를 정확하게 파악하고 있지 못하기 때문이다. 현재 상태를 모르면 자신이 이루어 내야 할 결과물(To-Be) 역시 어떤 모습인지 알기 어렵기 때문에 대부분 해야 할 일들(To-do lists)만 순서대로 적고 일을 진행한다.

하고자 하는 일의 결과물에 대해 반드시 조감도를 가지고 있어야 구체화된 전략도 나오고 제대로 실행할 수도 있다. 그렇다면 조감도를 그리지 못하면 어떤 현상이 벌어질까?

첫째, 목적지표가 달성된 상태의 구체적인 모습이 그려지지 않는다

조감도가 없다면 목적의식과 목표의식이 불분명해지고 어떤 일을 해야 하는지도 불분명해지기 때문에 무엇을 어떻게 해야 할지 난감해진다. 그래서 업무를 실행하는 도중에 그만두기 쉽다. 조감도 그리기는 전략과 세부 실행 계획을 도출하기 위한 필수 단계이다. 해도 그만 안 해도 그만인 일이 아니라 반드시 조감도를 그리고 일을 시작해야 한다는 것이다. 그래야만 공략해야 할 타깃을 결정하는 전략과 타깃별 세부 실행 계획을 세울 수 있다.

조감도를 그려야 하는 가장 중요한 이유는 해야 할 일을 제대로 결정하기 위함이다. 해야 할 일의 우선순위를 정해야 한정된 시간에 한정된 자원으로 조감도대로 원하는 결과물을 만들어 낼 수 있다.

둘째, 일을 하는 데 있어서 무엇이 결과에 결정적인 영향을 미칠지를 모른다

한정된 시간 내에 원하는 결과물을 만들어 내려면 중요한 것부터 먼저 해야 한다. 그래서 우리는 교육을 통해 파레토의 법칙을 배웠고, 결과물을 만드는 데 결정적인 영향을 미치는 상위 20%의 일부터 먼저 해야 원하는 성과를 얻을 수 있다는 것을 알고 있다. 그런데 조감도가 없으면 무슨 일을 먼저 해야 할지 모르기 때문에 이것저것 눈앞에 보이는 일부터 하다 보면 시간도 부족하고 정신없이 일을 수행하게 되는 등 일에 끌려다닐 가능성이 다분하다.

셋째, 자원을 낭비할 가능성이 크다
일의 우선순위를 모르고 손에 잡히는 대로 일을 시작하면 자신이 가진 한정된 자원을 효율적으로 배분하지 못하게 된다. 조직에서 지원받은 자원은 물론, 한 번 투입되면 절대 되돌릴 수 없는 시간을 중요하지 않는 일에 먼저 투입하면 목표 달성에 큰 차질을 빚는다.
일을 수행하고 있는 도중에는 숲이 아닌 나무만 보일 가능성이 크기 때문에 눈앞에 보이는 일이 가장 중요하고 시급해 보여 먼저 자원을 투입하기 쉽다. 이때 조감도를 미리 그려 두면 일의 우선순위와 이에 따른 전략을 한눈에 파악할 수 있기 때문에 자원을 효율적으로 사용할 수 있다.

그렇다면, 완성된 결과물을 그리려면 어떻게 해야 하는 것일까. 조감도를 그릴 때 다음과 같은 순서대로 진행하면 훨씬 수월하다.

첫째, 현장 데이터를 객관적으로 분석한다
일을 통해 자신이 이루고자 하는 '목적지표'가 달성되었을 때의 모습을 구체적으로 그리기 위해서는 무엇보다 일과 관련된 현장의 현재 데이터가 중요하다. 예전 경험이나 관련 업무 경험자들의 이야기만 듣고서는 성과가 창출되는 현재 시점의 현장을 정확히 알기 어렵다. 직관적인 '감'에 의해 내 맘대로 결과물을 그리게 되면 자신만만하게 실행으로 옮기기 힘들어진다. 따라서 크게 두 가지 측면에서 현장 데이터를 모으고 분석해야 한다.

하나는 전년도 성과에 결정적인 영향을 끼친 긍정적 요인, 부정적 요인들 중에서 자신의 목적지표와 관련된 것을 찾는다. 제품별, 지역별, 제공 서비스별 등 다양한 기준으로 기존 성과를 확인해야 한다. 그리고 다른 하나는 내·외부 환경의 어떤 요인들이 내가 목적지표를 달성하는 데에 직접적인 영향을 미칠지 분석해 본다. 데이터가 모든 것을 결정한다고 볼 수는 없다. 하지만 정확한 데이터 분석은 성과 목표를 정조준하는 첫 출발점임을 늘 유념해야 한다.

이 대리의 사례를 한 번 살펴보자. 스포츠 의류 매장 영업팀의 이 대리는 매출이 저조한 고객층을 개선하기 위해 최근 남성 고객들의 스포츠 의류 소비 패턴과 매장 매출이 어떤 연관이 있는지를 분석해 보았다. 여기에 매장이 위치한 지역별 특징이나 상품별 특징 등을 다양하게 분류하여 여러 요인을 고려했다.

과거 매출과 현장 데이터들을 분석해 본 결과, 수도권의 중심부이면서 여자 대학교 부근에 위치한 이 매장은 젊은 여성 고객은 항상 확보할 수 있었지만 20~30대 남성 고객 매출은 저조했다. 또한 최근 중년 남성들의 건강 문제가 사회적인 이슈가 되면서 운동의 필요성에 대한 관심이 뜨거워져 전국적으로 중년층의 스포츠 의류 소비가 증가하고 있는 점은 기회 요인으로 작용할 수 있다는 분석 결과를 도출해 낼 수 있었다.

둘째, 핵심 타깃을 골라낸다

핵심 타깃을 고른다는 것은 일을 통해 얻고자 하는 결과물의 구체적인 '구성 요소'를 결정한다는 의미이다. '내가 달성해야 할 성과 목표를 확실하게 공략할 수 있는가?'라는 판단은 과거의 데이터만으로는 불충분하다. 따라서 목적지표를 달성하는 데 중요하게 영향을 끼치는 핵심 타깃이 무엇인가를 찾아야 하는데, 이때 분석한 현장 데이터를 토대로 공략 가능한 타깃이 무엇일지 구분한다. 또한 자신이 상사에게 제공해야 하는 결과물에 영향을 미치는 핵심 타깃이 무엇인지 분석하여 이를 구성 요소로 설정하는 것이 매우 중요하다.

그렇다면 이 대리는 점장과 협의한 '남성 고객 의류 제품 매출액 10억 원'을 달성하기 위해 분석한 현장 데이터의 결과로 어떻게 조감도를 그려 볼 수 있을까? 우선 이 대리는 최근 중년층의 운동에 대한 관심 증가로 새로운 소비 계층으로 떠오르는 40~50대를 핵심 고객으로 분류했다. 또한 해당 매장에 주요 고객인 젊은 여성들과 함께 오는 20~30대 남성들을 두 번째 핵심 고객으로 분류하여 남성 고객 중에서도 특히 20~50대까지를 타깃으로 선정했다. 이렇게 핵심 타깃을 골라내면 연령별로 어떤 제품을 판매할 것인지 조감도를 구체적으로 그려 볼 수 있다.

그리고 타깃별로 제공하고자 하는 가치도 고려하여 조감도를 작성해 보면 어떤 전략과 세부 실행 계획을 세워야 할지 답이 보인다. 이 대리는 목표로 하는 타깃 고객에게 제공할 가치를 고려하여 20대 남성에게는 슬림핏 디자인을 강화한 의류 판매로, 30대 직장인에게는 출퇴근용 아우터 의류와 기능성 강화 트레이닝복 판매로, 40~50대 중년층에게는 경량화 등산복 판매로 분류하여 조감도를 작성했다.

셋째, 핵심 타깃의 목표 수준을 객관화한다

타깃과 각각의 목표 수준을 객관화된 숫자로 정하고 나면 비로소 조감도가 완성된다. 이 대리는 남성 고객을 대상으로 매출액 10억 원을 달성하기 위해 각각의 타깃에 대한 목표 수준을 객관화된 숫자로 정해 보기로 했다. 그리고 20대 대상 슬림핏 디자인 의류 3억 원, 30대 직장인 출퇴근용 아우터 의류 1억 원, 30대 기능성 강화 트레이닝복 2억 원, 40~50대 경량화 등산복 4억 원으로 목표 수준을 객관화했다.

이와 같은 숫자는 고객들이 왜 여러 스포츠 의류 중에서 우리 회사의 의류를 사는지, 어떤 용도로 사는지, 누구와 함께 사는지, 어떤 가치를 소중하게 생각하는지 등과 같은 고객들의 욕구와 행동 패턴을 확실하게 파악한 후에 도출해 내야 한다. 물론 도출한 후에는 일을 지시한 상사와 목표 수준에 대해 협의하는 과정을 반드시 거쳐야 한다.

이렇게 이루고자 하는 결과물을 시각적으로 묘사해 보는 과정을 통해 성과 목표 달성을 향한 의욕과 자신감이 더욱 충만해진다. 목표 달성하는 도중에 어려움을 만나더라도 쉽게 문제점을 파악하고, 대응 또한 조감도가 없을 때보다 훨씬 수월하게 할 수 있다.

조감도는 상사와는 말할 것도 없고 일을 실행해야 하는 자기 스스로도 목표에 대한 공감대를 구체적으로 형성할 수 있는 아주 중요한 매개체이다. 조감도를 보면 어떤 요소에 중점을 두어야 할지, 어떤 곳을 개선해야 할지를 파악할 수 있고 업무 수행의 결과물에 대해 관련자들과 구체적으로 소통할 수 있다. 상사는 실무자가 어떻게 일을 하려는지 알 수 있으므로 믿고 맡길 수 있는 근거가 되며, 실무자들은 상위 조직에 진행 상황 보고나 의사소통을 할 때 객관적인 소통 도구로 활용할 수 있다.

도표 5 | 조감도 작성 방법 및 절차

도표 6 | 스포츠 의류 매장 영업팀 이 대리의 '조감도' 사례

팀 성과 목표	영업이익률 2% 향상		
해야 할 일	목적지표	목표 수준	조감도
매출이 저조한 고객층 개선	남성 고객 의류 제품 매출액	10억 원	20대 대상 슬림핏 디자인 강화 의류 3억 원
			30대 직장인 출퇴근용 아우터 의류 1억 원
			30대 기능성 강화 트레이닝복 2억 원
			40~50대 경량화 등산복 4억 원

04 집중해야 할 핵심 변수를 선택하라

전략은 목표의 졸병이다

이루고자 하는 목표를 정했으면, 이제는 그 목표를 달성하기 위한 전략을 수립해야 할 차례이다. 미래에 발생할 수 있는 장애 요인에 대한 대응 전략 없이 업무를 추진하면 업무 추진 과정에서 예상치 못한 문제에 직면하게 된다. 이 경우 필연적으로 비용, 시간, 품질의 낭비가 발생된다. 따라서 자원 낭비를 예방하기 위해서는 목표를 달성하기 위한 전략을 설정하고 추진해 나가야 한다.

'전략'은 군사 용어에서 유래한 것으로, 이제 군인보다 직장인들이 더 많이 사용할 것이다. 사업 전략, 마케팅 전략, 인재 육성 전략뿐 아니라 전략적 사고, 전략적 접근 등 많은 직장인이 조직 내에서 전략이라는 용어를 자주 사용하고 있다.

그러나 실제로는 수립한 전략과 별개로 실행을 하는 경우가 빈번하다. 노력은 노력대로 하는데, 실제로 행동으로 이어지지 않는다. 왜 그런 것일까.

첫째, 모든 대상에 보편적으로 적용할 수 있는 일반적인 과제를 전략이라고 착각하기 때문이다

공략 타깃을 찾아내기도 전에 그동안 경험해 왔거나 다른 곳에서 효과가 있었던 것을 바탕으로 해서 직관적으로 일반적인 해법을 제시하여 해야 할 일을 끝마쳐 버린다. 원인이 다르면 그에 따른 해법도 달라져야 한다. 마찬가지로 목표를 달성하기 위한 타깃이 달라지면 그 타깃을 공략할 실행 계획도 달라져야 한다.

남성 40대 고객을 대상으로 할 때와 여성 20대 고객을 대상으로 할 때는 제안할 상품도 달라지고 판매 방법도 달라진다. 전략에는 공략하고자 하는 타깃에 맞춰진 실행 방법이 포함되어 있어야 한다. 특정하게 공략할 대상 없이 누구에게나 적용되는 일반적인 과제들을 순서대로 모아 둔 것은 전략이라고 보기 어렵다.

둘째, 실무자 입장에서는 목표에 직접적으로 영향을 주는 변수들을 분석하고 수립하는 전략보다 업무를 어떠한 순서로 진행할지 추진 계획을 세우는 것이 훨씬 익숙하기 때문이다

전략을 제대로 수립하기 위해서는 하고 있는 일을 분석하고 성과에 영향을 미치는 대상이 무엇인지 찾아내는 작업을 월별, 분기별, 반기별, 연

간 단위로 정기적으로 실행해야 한다. 그런데 실무자 입장에서는 매일매일 쳐내야 하는 일이 늘 있게 마련이고 수시로 위에서 일이 떨어지기 때문에 솔직히 차분하게 시간을 내서 전략을 고민할 마음의 여유가 없다. 물론 시간 관리를 잘해서 최소한 일주일에 한 번, 한 달에 한 번은 목표와 전략을 고민하고, 월말에는 월초에 세웠던 목표와 실제 결과물 사이의 차이를 분석하며 다음달 목표와 전략을 수립해야 하는 것이 당연하다. 그런데 그게 상사가 일부러 그러한 시간을 마련해 주고 같이 고민한다면 실행되겠지만 실무자 입장에서 재주껏 해 보라고 하면 실행하기 어려운 것이 사실이다.

그러다 보니 9월에는 인력 채용, 10월에는 직무 교육, 11월에는 현장 실습이라는 당연히 해야 할 일들의 목록을 작성하고 세부 추진 계획과 추진 일정을 나름대로 전략이자 실행 계획이라고 생각하는 것이다. 그로 인해 전략이라고 하는 것이 방법적인 측면에서 맴도는 것이 사실이다. 그런데 그것은 전략이라기보다 업무 진행 달력에 가깝다. 시간, 사람, 행사 중심의 해야 할 일인 '인풋'만 나열된 단순 업무 추진 계획은 업무 진행 절차를 순서대로 정리한 것이기 때문이다.

우리는 전략이라는 말을 자주 사용하지만 진정한 의미와 수립 방법에 대해서는 좀 더 실무적으로 정확하게 이해할 필요가 있다. 보통 경영전략 교수들이나 경영학 교과서에서 말하는 전략을 일선 직장 현장에서 일하는 사람들의 실무적인 개념으로 재해석해 보면 전략이란 '목표를 달성하는 데 가장 크게 작용하는 변수가 무엇이고, 이를 어떤 식으로 목표 달성에 기여하도록 활용할 것인지에 대해 타깃과 공략 방법을 결정하는 것'을 의미한다.

예를 들면, 기업의 입장에서 전략이란 어떤 산업에 참여해야 하는지, 어떤 목표 고객을 대상으로 할 것인지, 어떤 제품과 서비스를 제공해야 하는지, 자신이 보유한 자원을 어떻게 할당해야 하는지 등과 관련된 모든 의사결정을 의미한다.

전략을 세우는 일은 목표를 달성하는 데 영향을 주는 여러 가지 변수에는 어떤 것이 있고, 그중에서도 가장 크게 작용하는 변수가 무엇인지 깨닫는 것으로 시작한다. 그래서 인생을 살아가든지 사업을 하든지 일을 하든지 결국은 변수 싸움이다. 인생, 사업, 일 등 무엇이든 간에 결과에 핵심적으로 영향을 미치는 변수들을 정확하게 찾아내어 얼마나 제대로 실행하느냐가 결론이 되기 때문이다.

예컨대 야구 시합을 앞둔 감독이 승리하는 데에 있어서 영향을 주는 변수는 다양하다. 해당 팀 선수들의 역량과 컨디션, 상대 팀 선수들의 전력, 상대 팀 감독의 전술, 경기장 환경, 날씨, 팬들의 응원전 등 감독은 승리를 위해 필요한 모든 변수를 자신의 팀에 유리하게 만들고 싶을 것이다. 그러나 모든 변수를 유리하게 만들 수 없다. 이때 여러 변수 중에서 목표 달성에 가장 큰 영향을 주는 것이 무엇인지 파악하여 선택하고 집중하는 것이 바로 전략의 핵심이다.

여기서 중요한 것은 전략의 대상을 무엇으로 정하느냐의 문제이다. 성과는 목표와 역량, 환경의 영향을 받는다. 그런데 대부분의 사람은 전략의 대상을 환경이나 역량 위주로만 고민하는 경향이 있다. SWOT 분석이 그 예이다.

일반적으로 전략을 수립할 때 가장 많이 사용하는 도구가 SWOT 분석인데, SWOT 분석은 조직의 내부 역량의 강점(strength), 약점(weakness), 조직을 둘러싸고 있는 외부 환경의 기회(opportunity), 위협(threat) 요인을 잘 분석하여 이를 바탕으로 전략을 수립하는 기법이다. SWOT 분석의 가장 큰 장점은 조직의 내부 역량을 분석하여 강점과 약점을 찾아내고, 동시에 외부 환경을 분석해서 기회와 위협 요인들을 도출하여 각각 매치함으로써 조직의 내·외부 환경 변화를 동시에 입체적으로 파악할 수 있다는 점이다.

하지만 여기에서의 문제점은 목표에 영향을 미치는 상관관계적인 요인에 대해서만 고민했다는 점이다. 다시 말하면, 원하는 목표를 달성하기 위해서는 무엇보다 목표 달성에 직접적으로 영향을 미치는 요인이 무엇인지 구체적으로 찾아내고 이에 대응하기 위한 방법을 찾는 인과관계적인 요인에 대해 고민해야 한다.

하지만 지금까지는 일반적으로 전략을 수립할 때, 어떤 환경적 요인과 역량적 요인이 목표에 영향을 미칠까에만 초점을 두다 보니 기대하는 목표에 양(+)이나 음(-)의 영향을 주는 상관관계적인 요인들에만 집중되어 있다. 그러다 보니 전략 실행을 통해 원하는 결과물인 목표의 모습은 구체적이지 못하고, 또 목표를 달성하지 못했을 경우 그 원인을 외부 환경이나 내부 역량의 탓으로 돌리는 것이 자연스러운 현상이었던 것이다.

원하는 결과물인 목표를 달성해 내기 위해 전략 수립의 가장 중요한 대상이 되는 것은 바로 '목표'이다. 원하는 결과물을 달성하기 위해서는 환

도표 7 | 성과와 목표의 연관성

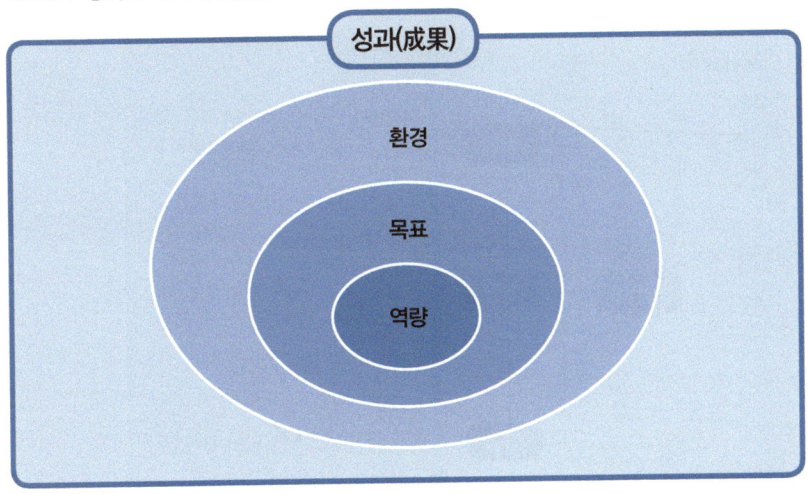

경이나 역량과 같은 상관관계적인 요인을 고려하는 것보다 이루고자 하는 목표, 즉 결과물의 모습인 조감도를 구성 요소의 형태로 정의해 놓고 그 구성 요소별로 하나하나 달성해 내기 위한 타깃별 맞춤형 실행 전략을 수립하는 것이 훨씬 더 효과적이다. 그동안 우리가 집중해 왔던 '환경'은 기회요인과 위협요인을 분석함으로써 플랜 B를 수립하는 대상이고, '역량'은 강점과 약점을 분석함으로써 역량 개발 계획을 수립하는 대상이라 할 수 있다.

어찌 보면 통제 가능한 진정한 전략의 대상은 목표 자체이다. 물론 외부 환경과 내부 역량에 대한 전략을 수립하는 것도 중요하다. 하지만 환경은 우리가 통제할 수 없는 것이고, 역량은 짧은 시간에 어찌해 볼 수 없는 것이기 때문에 우선순위 첫 번째는 목표 자체의 세부 구성 요소에 좀 더 집중해야 한다는 것이다.

도표 8 | 성과와 목표는 '인과관계? VS 상관관계?'

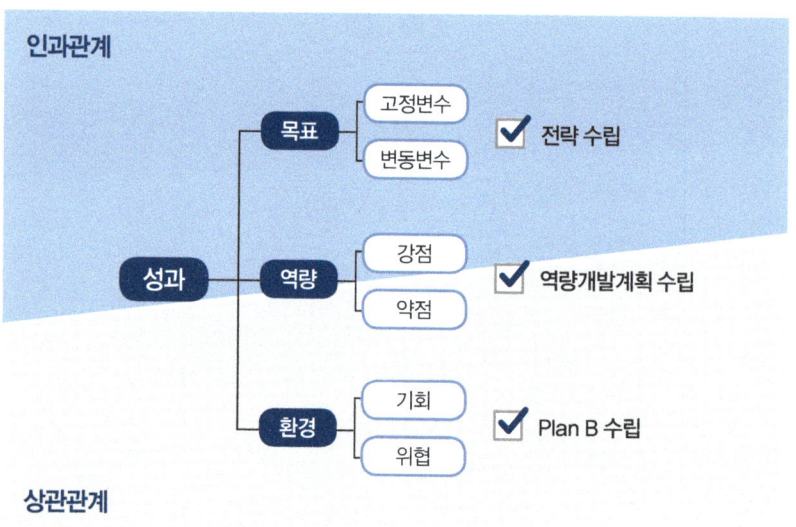

전략에서의 핵심 포인트는 집중 공략해야 할 대상이 어디인지 결정하는 것이다. 따라서 전략을 수립하기 위해서는 전략 수립의 대상이 되는 목표를 명확히 알아야 하고, 그 목표를 이루는 데에 중요한 영향을 주는 변수(고정변수와 변동변수)를 분류하면 된다. 변수에 따른 차별화된 전략 수립은 시간과 비용 등 한정된 자원을 효율적으로 사용할 수 있는 길을 마련해 준다.

그렇다면, 전략을 수립하기 위한 핵심 변수를 어떻게 분류해야 할까?

첫째, 앞서 '완성된 결과물(조감도)'을 그리는 과정을 통해 결과물을 이루는 구성 요소 중에서 고정변수와 변동변수를 선택한다

조감도를 구성하는 구성 요소는 성과에 직접적으로 연관된 변수들로 이미 일차적인 선별이 완료된 것이다. 따라서 그 구성 요소들 중에서 고정변수와 변동변수로 구분하면 된다.

조감도의 구성 요소들을 잘 살펴보면 일상적인 노력으로 달성할 수 있는 것도 있고 기존의 방식을 적용하기는 어렵지만 반드시 해내야만 달성할 수 있는 것도 있다. 여기서 일상적이거나 통상적인 노력으로 달성할 수 있는 구성 요소는 고정변수로, 새롭고 혁신적인 방법으로 달성할 수 있는 구성 요소는 변동변수로 구분하면 된다.

일상적이고 통상적인 노력이란 이미 경험한 일들이라서 어느 정도의 실행 방법들이 준비되어 있는 것들이다. 반대로 새롭고 혁신적인 방법이란 목표로 하는 대상이 새롭게 추가되었거나 기존의 대상이라고 하더라도 새로운 가치를 제공해야 하는 대상이라면 지금까지 해 왔던 방식이 아니라 고객 관점에서 성과물의 관점에서 제로베이스에서 접근해야 한다는 의미이다.

예를 들어 스포츠 의류 매장에서 일하는 이 대리와 입사 동기인 박 대리는 구매팀에서 근무한다. 이번에 그가 3개월 동안 맡은 프로젝트는 남성 등산용 바지 1벌당 제조원가를 5만 원에서 4만 9천 원으로 1천 원 절감하는 것이다. 그래서 박 대리는 '바지 1벌당 제조원가 1천 원 절감'을 목표로 잡고 조감도를 '전력비 100원, 연료비 150원, 재료 혼합비 50원, 운송비 150원, 소모품비 150원, 재고량 절감액 400원 절감'을 구성 요소로 설정하였다.

여기서 전력비, 연료비 절감은 시스템화, 매뉴얼화, 정기적인 체크리스트 정도만으로 계속해서 관리해 간다면 큰 문제없이 목표를 달성할 수 있는 구성 요소이다. 이를 고정변수라고 할 수 있다. 반면에 재고량이나 재료 혼합비, 운송비, 소모품비를 절감하기 위해서는 기존의 방법이 아닌, 창의적인 아이디어가 필요하다. 이는 변동변수라고 할 수 있다.

고정변수와 변동변수는 성과 목표가 이루어진 상태의 모습을 보고 결정한다. 창의적이고 혁신적인 방법으로 접근해야만 목표한 것을 겨우 달성해 낼 수 있는 변동변수는 고정변수에 비해 시간과 인력, 방법 등 자원과 역량 투입을 더 해야 원하는 성과 목표를 달성할 수 있다. 따라서 조직 차원에서는 인력과 예산을, 개인 차원에서는 업무 시간과 창의적인 생각을 변동변수에 더 많이 투입해야 한다.

둘째, 변동변수를 공략하기 위한 방법을 찾는다

원하는 결과물을 만들어 내기 위해서는 창의적 아이디어가 필요하거나 여러 요인을 고려하는 변동변수에 자원을 더욱 집중해야 한다. 이러한 변수들은 대부분 원하는 결과물에 70~80%의 영향을 미칠 만큼 결정적인 영향력을 발휘한다. 역량이 높은 실무자일수록 역할과 책임에서 변동변수가 차지하는 비율이 훨씬 높다. 반대로 역량이 낮은 실무자이거나 신입사원일수록 고정변수 성격의 역할과 책임이 차지하는 비율이 높다.

변동변수는 목적지표를 달성함에 있어서 동일한 타깃이라고 하더라도 공략해야 할 방법을 바꿔야 한다거나, 타깃이 기존과 바뀌었거나, 처음 하는 일이거나, 신규 사업과 신제품 개발 등 과거 데이터를 구할 수 없는 목표를 어떻게 할 것이냐에 대한 것도 포함된다. 이러한 변동변수를 공략하기 위한 방법을 수립할 때는 공략할 타깃의 특징적인 요인이나 핵심 구매 요인에 집중하여 맞춤형 실천 계획을 세우는 것이 중요하다. 그리고 자신이 활용할 수 있는 자원인 시간, 정보, 예산 범위 내에서 창의적으로 공략할 수 있는가를 고민해야 한다.

만약 스포츠 의류 매장에서 영업을 담당하는 이 대리가 선택한 변동변수인 '40~50대 경량화 등산복 4억 원'을 공략하기 위한 방법은 어떻게 세울 수 있을까?

가장 먼저 40~50대 경량화 등산복을 구매하는 핵심 구매 요인이 무엇인지 파악해야 한다. 인근 학교 동창회 사무실 3곳과 지역 모임 단체 5곳을 대상으로 20인 이상의 단체 고객에게는 특별한 문구가 새겨진 등산용 타월을 제공하거나, 편의성과 기능성 때문에 일상복으로도 등산복을 입으려는 실용주의자들은 동일한 제품 유형을 반복해서 구매할 가능성이 크므로 3벌 이상 구입하는 고객에게는 추가 할인율을 제공해 주는 방법을 세울 수도 있다. 또는 매장에서 중장년층 등산복을 구매한 사람 중에 30%가 그 상품을 입을 남편의 아내였거나 자녀들이었다면, 그들의 소비 패턴을 분석해서 추가 혜택을 제공하는 방법도 찾아볼 수 있다.

변동변수를 달성하기 위한 방법을 수립하는 과정은 혁신적이어야 하지만 하늘 아래 새로운 것이 없다고 하듯 유사한 업무와 프로젝트는 수없이 많았다. 그러므로 경험이 많은 윗사람이나 전문가의 실행 방법과 의견을 참고하는 것이 좋다. 이때 중요한 것은 참고용이지 결정용은 아니라는 것이다. 결정을 할 때는 현장 데이터가 기준이라는 것을 명심해야 한다.

도표 9 | 스포츠 의류 매장 영업팀 이 대리의 '핵심 변수 분류' 사례

팀 성과 목표	영업이익률 2% 향상					
해야 할 일	목적지표	목표 수준	조감도	핵심 변수 분류	공략 방법	
매출이 저조한 고객층 개선	남성 고객 의류 제품 매출액	10억 원	20대 대상 슬림핏 디자인 강화 의류 3억 원	변동변수	-	
			30대 직장인 출퇴근용 아우터 의류 1억 원	변동변수	-	
			30대 기능성 강화 트레이닝복 2억 원	고정변수	-	
			40~50대 경량화 등산복 4억 원	변동변수	• 20인 이상 단체 고객에게 특별한 문구가 새겨진 등산용 타월 제작 증정(인근 학교 동창회 사무실 3곳, 지역 모임 단체 5곳 대상) • 재구매하는 특정 고객에게 추가 할인 제공(편의성과 기능성 때문에 등산복을 일상복으로 입으려는 고객 대상 3벌당 20% 할인) • 가족을 위해 구매하는 고객 대상 식사 쿠폰 제공	

셋째, 고정변수를 실행하기 위한 방법을 찾는다

일을 하다 보면 목표 중에는 이미 경험한 일이거나 실행 방법을 잘 알고 있어서 실행 관리만 잘하면 무리 없이 달성 가능한 것들도 있다. 기존에 늘 맡아 오던 일이거나, 정기적으로 해 온 방식대로 실행하거나, 매뉴얼화 되어 있어서 많은 자원이 투입되지 않아도 된다면 이에 대한 실행

방법은 기존의 방법을 적용해도 무관하다.

  예를 들면, 트렌드를 가지는 목표는 과거 성과를 분석하여 중간 과정을 체크하는 정도로 전략을 세워도 좋다. 반복적으로 일어나는 트렌드 지표는 과거 데이터 분석이 해결의 실마리를 제공한다. 3개월 단위의 분기별, 6개월, 1년간의 데이터를 분석하고 고객별, 제품별, 계절별 등 자사의 특성에 맞게 고려하여 전략을 수립하면 된다. 특히 이 중에서도 전략 수립의 직전 분기 분석 자료가 목표 달성 전략 수립에 있어서 가장 의미있는 정보를 제공한다.

  성과를 관리한다는 것은 한정된 자원을 성과가 나는 일, 즉 이익이나 가치가 창출되는 곳에 배분하는 것이라고 했다. 그런 의미에서 자원을 우선 변동변수의 핵심 타깃에 배분하여야 기대하는 성과를 창출할 가능성이 높아진다. 이것이 조감도의 구성 요소를 변동변수와 고정변수로 나누는 이유이다. 만약 전략을 수립함에 있어서 자원이 부족한 경우에는 결과물이 표준화된 절차를 따르더라도 크게 문제가 되지 않는 일부 고정변수에 대해서 상사에게 요청함으로써 동료나 후배에게 위임하여 역할을 분담하고 변동변수에 집중하는 것이 더욱 효과적이다.

  고정변수와 변동변수로 구분하는 것은 자신이 가진 자원인 시간과 역량을 가늠하기 위해서이다. 일을 함에 있어서 막연하게 하겠다는 의지를 다지는 것보다 일의 결과물을 명확히 해야 한다. 내가 얻고자 하는 결과물 구성 요소를 통제 가능한가가 성과 창출의 핵심이다.

  불특정 다수를 대상으로 하는 무차별적 실행이 아니라 명확한 의도로 최종 성과의 핵심을 좌우할 만한 타깃을 찾아야 한다. 그리고 정해진 타깃을 정조준해서 공략하는 것이 전략의 핵심이다. 아무런 의도나 방향성이 없는 전략으로는 원하는 성과를 이루어 낼 수 없다. 이루어 내야 할 결과물 중에 자신이 정말로 달성하기 힘들다고 판단하는 구성 요소를 어떻게 공략하여 소기의 성과를 얻을 것인지가 중요하다.

05 상사의 코칭을 요청하라

코칭은 피드 포워드이다

상사가 원하는 결과물을 만들어 내기 위해 어떠한 전략과 방법을 사용할 것인지 상사와 합의한 뒤에 출발하도록 한다. 상사와 공감대가 높은 상태에서 일을 시작해야만 상사가 원하는 결과물을 제대로 만들어 낼 수 있다. 지금까지는 중요한 과제를 선별하여 목표를 설정하고 조감도를 그려 본 후에 결정적인 영향을 미치는 변수가 무엇인지에 대해 공부했다. 이제는 실행하기 전 기획(Planning) 단계를 최종적으로 마무리 지을 차례이다. 계획은 정해진 일의 진행 순서를 어떻게 할지 미리 예측하여 정하는 것이다. 그러나 기획은 원하는 결과물을 창조하는 것이다.

누구나 일을 하고 원하는 결과를 얻을 수 있다. 하지만 모두가 계획한

대로 탁월한 결과물을 만드는 것은 아니다. 결과를 만들어 내는 방법을 알아야만 한다. 무리하게 혼자 일을 껴안고 끙끙댄다고 해서 문제가 해결되지는 않는다. 막히는 부분이 있다면 숨기려 하지 말고 역량 있는 동료나 상사에게 얘기하고 의견을 들어야 한다.

그중에서도 특히 상사는 결과를 만드는 '한 수'를 알고 있다. 상사는 내가 하는 업무를 이미 수년 전에 경험했고, 또 내가 거쳐야 할 업무의 몇 단계를 이미 지나온 사람이다. 더욱이 그 일을 요청한 사람이 바로 상사이다. 그렇기 때문에 상사는 내가 풀지 못한 문제도 콕 집어 내어 쉽게 해결의 실마리를 제공해 줄 수 있는 사람이다. 만약 당신이 상사가 지닌 한 수를 내 것으로 만들고 싶다면 상사로부터 제대로 된 '코칭'을 받을 수 있는 요령이 필요하다.

상사는 목표를 부여하고 목표 달성을 위한 전략을 코칭하는 사람이고, 실무자인 나는 상사가 요구하는 목표에 대한 전략을 수립하고 자기 주도적으로 실행하는 사람이다. 이는 임원과 팀장 간의 관계에서도 동일하게 적용된다. 실무자라고 해서 반드시 팀원급을 지칭하는 말은 아니다. 상사의 요구 사항을 받아 실행으로 옮겨 결과물을 내야 하는 사람은 모두 실무자이다. 본부장은 팀장에게 목표를 부여하여 전략을 코칭하고, 팀장은 본부장이 요구하는 목표에 대해 실행 전략을 수립하고 합의가 되면 주도적으로 실행하는 것이다.

어떤 조직에서든지 이러한 메커니즘이 동일하게 적용된다. 숲 속에 위치에 있는 실무자들은 자신이 속한 조직이 특정 기간에 업무 수행을 통해 내놓아야 할 아웃풋이 무엇인지 잘 보이지 않는다. 그래서 숲을 바라보는 위치에 있는 상사에게 목적지를 명확하게 확인한 뒤, 실행을 잘할 수 있도록 방법에 대한 코칭을 받아야 하는 것이다.

그렇다면 코칭이란 정확히 무엇을 의미하는 것일까. 업무를 실행하기 전에, 자신이 세운 전략을 상사도 목표를 달성하기 위한 합리적인 방법이라고 생각하는지 상사의 관점에서 확인하고 협의하는 작업이 필요하다. 이를 '코칭'이라고 하는데, 전략에 대한 합의가 이루어지지 않으면 자신이 어떠한 실행을 할 때마다 '이렇게 하는 것이 과연 옳은 것일까? 혹시 상사가 아니라고 하면 어떻게 하지?'라는 생각으로 주저하게 될 가능성이 크다. 따라서 반드시 사전에 실행 방법에 대해서 상사와 합의를 거쳐야 한다.

상사로부터 전략에 대해 코칭을 받으면 자기 주도적으로 자신감을 가지고 실행할 수 있게 된다는 점에서 큰 의의가 있다. 또한 코칭은 상사가 직접적으로 도와주는 것이라기보다는 그 일을 맡아 실행하는 실무자들이 조직 관점, 고객 관점, 미래 관점 등 다른 관점에서 새롭게 생각할 수 있는 길을 열어 주고 스스로 문제를 해결해 나갈 수 있는 단초를 깨닫게 해 주는 관점에서 진행되기 때문에 한층 더 역량을 성장시킬 수 있는 기회가 된다.

그런데 왜 우리는 성장 포인트이며, 상사가 원하는 결과물을 만들어 낼 수 있는 지름길과 다름없는 코칭을 먼저 요청하기 어려운 것일까? 그 이유는 코칭에서 중심이 되는 주체가 자신이기 때문이다. 코칭은 상사의 업무 지시와는 상당히 다르다.

지시와 명령이 의사소통의 중심을 이루는 수직적 계층 조직에서는 상사 중심으로 업무를 지시하고 통제하는 것이 효율적이고 편리했다. 상사가 질문이나 문제에 대한 정답을 알려 주는 업무 지시와 달리, 코칭은 실무자 스스로가 문제 해결 과정을 고민하여 역량을 발휘하게 한다는 점에서 코칭을 먼저 요청하기 어려울 수 있다.

대부분의 사람은 과제를 수행할 때 새로운 사고와 접근법을 사용하기보다 편의상 과거에 경험한 방법을 사용하고, 일에 대한 걱정과 불안으로 부정적인 생각을 많이 하기 때문에 새로운 방법을 생각해 내기가 쉽지 않다. 직장에서 자신과 관련된 일의 결과가 잘못되거나 문제가 발생했을 경우 인사평가에서 좋지 않은 평가를 받기도 하고 정도에 따라서는 중대한 인사상의 책임을 져야 하는 사유가 될 수도 있다. 그래서 과거의 선례로 일을 해 오던 방식이나 안전한 방향으로 일을 처리하려는 방어적인 태도를 취하려고 한다.

하지만 이렇게 일에 끌려다녀서는 스스로 변화할 수 없고 앞으로 더 큰 역량을 발휘할 수 없다. 일을 잘하는 방법을 스스로 깨닫는 주도적인 자세가 되어야 한다. 그렇기 때문에 상사에게 코칭을 요청할 때 가장 중요한 전제 조건은 '스스로 생각할 수 있다는 태도의 변화'에 있다.

상사들 중에는 목표 달성에 대한 성급한 마음으로 섣불리 자신이 해 오던 방식을 실무자들에게 강요하는 경우가 있을 것이고, 코칭을 받는 실무자 또한 상사에게 바로 답을 요구하는 경우도 있을 것이다. 그러나 코칭의 핵심은 일을 주도한다는 주인의식에 있다는 점을 명심해야 한다.

그렇다면 상사에게 제대로 코칭을 받으려면 어떻게 해야 할까?

첫째, 피드 포워드하는 과정에서 코칭을 요청해야 한다

코칭은 요청하는 타이밍이 중요하다. 일을 하기 전이나 수행하는 도중에 코칭을 받지 않고 자신의 생각대로 일을 처리한 경우 상사가 기대하는 바와 일치하지 않을 가능성이 크기 때문에 그만큼 상사의 언성이 높아질 것이다. 따라서 실행하기 전에 상사와 실행 전략과 방법에 대해 코칭을 받는 피드 포워드(feed forward) 과정이 가장 중요하다.

피드 포워드란 '어떤 일을 실행에 옮기기 전에 결함이나 문제점을 미리 예측하여 목표의 달성 가능성을 높이기 위한 것'으로 상황이 발생하기 전, 즉 일을 착수하기 전에 성공에 필요한 정보나 의견을 미리 제공하는 것을 의미한다.

많은 사람이 일이 끝난 후에 피드백 받는 것을 코칭의 핵심이라고 생각한다. 물론 피드백도 코칭의 일부분이다. 하지만 피드백의 장점은 다음에 그런 일이 일어나지 않도록 하는 것이고, 단점은 사후약방문이라는 것이다. 그러므로 자원을 낭비하지 않고 제대로 일을 하려면 피드백보다 피드 포워드가 우선되어야 한다.

일이 벌어지고 난 다음에 앞으로는 어떻게 하면 좋을지 논의하는 사후 교정이 중요한 것이 아니라, 일을 하기 전에 어떻게 하면 이 일이 기대하는 성과 중심으로 이루어질지에 대해 상사와 사전에 소통하는 것이 핵심이다. 발생 가능한 문제를 예방할 방법을 미리 고민하고 코칭받아 문제를 사전에 예방하는 것이 훨씬 중요하다.

그렇기 때문에 피드백보다는 피드 포워드하는 과정에서 상사의 코칭을 요청하는 것이 훨씬 효과적이다. 상사가 부여한 일을 완수하기 위해 수립한 전략을 상사와 공유함으로써 상사는 실무자들의 생각을 듣고, 그것에 대해 전략적인 코칭을 해 줄 수 있다. 업무 지시는 상사가 실무자들에게 어떤 일을 부여하면 실무자들이 본인의 추가적인 생각이나 의견 없이 지시한 업무에 대해서만 수행하기를 바라는 것인 반면, 코칭은 실무자들이 목표를 달성하기 위한 자신의 전략과 방법을 상사에게 코칭받는 과정에서 인정받고 존중받을 수 있으므로 실질적인 동기유발이 가능하다.

다음 상황을 살펴보자.

얼마 전 이 대리는 인근 C기업으로부터 다음 달 한마음 교육을 할 때 전직원이 입을 단체복으로 새로 출시된 경량화 등산복 2,000벌을 주문받았다. C기업은 스포츠 의류 브랜드 로고 대신에 자신들의 회사 로고를 등산복에 새겨 줄 것을 요청하면서, 예산 문제로 인해 10% 할인을 추가적으로 요청했다. 한 달 내에 C기업 회사 로고가 삽입된 등산복 2,000벌 제작은 쉽지 않을 뿐 아니라 회사 내규상 신제품은 런칭 후 3개월 동안은 할인이 불가능했다.

그러나 C기업의 주문을 받아야 이 대리의 성과 목표 달성에 핵심을 차지하는 경량화 등산복 매출액 4억 원을 안정적으로 달성할 수 있었다. 이 대리는 자신이 세운 전략과 이에 따른 문제점과 대책을 점장에게 보고하고 코칭을 요청했다.

"점장님, 생산팀에 문의해 본 결과 2,000벌은 시간이 빠듯하긴 하지만 바로 생산에 들어가면 한 달 안에 가능하다고 합니다. 그러나 디자인팀에서는 C기업의 로고가 복잡하여 등산복에 새기려면 시간이 좀 걸릴 것 같다는 답변을 받았습니다. 또 C기업에서 10% 할인을 원하는데 어차피 신제품은 할인이 불가능하니 디자인은 조금 다르지만 기능은 비슷한 작년 경량화 등산복 제품으로 제안해 보면 어떨까요?"

점장은 이렇게 말했다.

"이 대리의 제안도 좋지만 이 대리도 알다시피 신제품 판매량과 목표 달성률은 스타 매장 선정 시에 가장 큰 비중을 차지하네. 우리 매장이 스타 매장으로 선정되려면 이번 C기업의 주문을 반드시 받아야 할 거야. 요즘 많은 기업이 야외 활동을 할 때 단체복으로 유명 브랜드 의류를 선택하는데, 회사 로고 때문에 회사에서만 입을 수 있어서 실용성이 떨어진다고 하더군. C기업 직원들이 단체복을 개인 용도로도 입을 수 있도록 로고를 옷 안감에 라벨로 제작하여 부착하면 제작 시간도 많이 걸리지 않고 간단한 작업이기 때문에 서비스로 해 줄 수 있지. 라벨 제작을 서비스로 해 주면 어느 정도 할인 효과가 있을 거야. 이 대리는 어떻게 생각해?"

만약 이 대리가 점장에게 코칭을 요청하지 않고 일을 진행했다면 작년 디자인으로 계약을 성사했을지도 모른다. 이 대리 입장에서는 고객을 만족시킬 수 있는 최선책일지라도 신제품 판매량과 목표 달성률을 모두 고려하는 점장의 관점에서는 만족스러운 결과가 아닐 수 있다.

일이 끝난 후에 피드백으로 점장의 코칭을 받는다면 이미 신제품 판매 기회를 잃은 후이다. 따라서 일에 착수하기 전에 성공에 필요한 정보나 의견을 미리 구하는 피드 포워드 과정이 매우 중요하다.

둘째, '청.정.청.문.답'을 적극적으로 실천한다

상사로부터 전략을 제대로 코칭받기 위해서는 나의 고객인 상사의 관점에서 소통하는 지혜가 필요하다. 소통을 제대로 하기 위해서는 특히 경청, 인정, 요청, 질문, 응답의 다섯 가지를 잘해야 하는데, 나는 이를 줄여서 '청, 정, 청, 문, 답'이라고 한다.

먼저 청을 의미하는 '경청'이다. 경청에서의 가장 핵심은 상대방의 숨겨진 욕구, 즉 '원츠(wants)'를 명확하게 찾아내는 것이다. 나의 제1 고객인 상사가 진정으로 원하는 것이 무엇인지를 구체적으로 정확하게 파악해야 한다. 상사가 말하는 것을 나의 주관적 언어로 해석하지 말고 객관적 사실 그대로 들으라는 것이다.

상사는 결론을 듣길 원하고 나는 과정을 설명하고 싶어 한다. 왜일까? 나는 상사가 내가 하고 있는 일을 잘 알지 못하므로 좀 더 구체적으로 일의 진행 과정에 대해 설명해야 상사가 나의 생각을 제대로 이해할 수 있을 것이라고 생각하기 때문이다. 그래서 우리는 상사가 뭐라고 코칭하면 자신의 생각을 자신의 관점에서 설명하려고 하고 이해시키려고 한다. 경청은 왜(Why)로부터 출발한다. 자신의 관점으로 보지 말고 자신이 만족시켜야 할 고객의 관점에서 바라보면 고객의 목소리를 좀 더 제대로 들을 수 있다.

다음으로, 정을 의미하는 '인정'이다. 인정이란 자신의 눈높이를 상대방과 맞추는 것으로, 자신의 의견과 방법만이 옳은 것이 아니라는 것을 수용하는 것이다. 인정의 핵심은 진정성 있는 '칭찬'이다. 상사가 어떠한 맥락에서 그 업무를 지시했을지 생각해 보고 구체적인 내용을 언급하며 칭찬하는 것이 좋다.

상사와 나는 서 있는 위치가 다르다. 나는 숲 속에 있고 상사는 숲 바깥에 있다. 숲 속에 있으면 숲을 볼 수 없다. 이것은 능력이나 역량의 문제가 아니라 위치의 문제이다. 그렇기 때문에 나무의 위치에 있는 내가 보지 못하는 것을 숲의 위치에 있는 상사는 보고 있다는 것을 진심으로 인정하고 겸손하게 수용하는 것이 상사에 대한 인정에서 가장 중요한 부분이다.

그리고 청을 의미하는 '요청'이다. 요청이란 다른 사람에게 무언가를 실행해 주도록 부탁하는 행위이다. 평소에 다른 사람이 무언가를 지시하거나 강요하면 불쾌해진다. 상사도 마찬가지이다. 구성원들도 지시를 받으면 기분이 나쁘지만 상사도 구성원들이 툭툭 내뱉듯이 무언가를 요구하면 기분이 나쁘다.

상사는 나보다 경험이 많기 때문에 통찰력과 직관력, 판단력에 있어서 나보다 뛰어나다고 해도 과언이 아니다. 일을 실행하는 실행력은 내가 훨씬 뛰어나지만 상사는 전체 숲을 보고 있고 일의 목적지를 알고 있으며 다양한 업무 실행 경험을 가지고 있기 때문에 핵심을 짚어 내는 통찰력은 상사가 더욱 뛰어나다.

설사 내가 담당하고 있는 일의 구체적인 내용을 상사가 잘 모른다고 하더라도 상사를 무시하지 말고 자신에게 부족한 상사의 핵심 역량을 잘 활용해야 한다. 그러기 위해서는 일을 하기 전에 상사가 원하는 것이 무엇인지를 제대로 듣고 자신의 생각을 구체적으로 먼저 정리하여 상사에게 설명해 주고 보완해야 할 부분이 무엇인지를 요청하는 것이 좋다. 그래야 요청을 받은 상사가 자신의 존재 이유를 느끼고 기분 좋게 구성원인 자신을 더욱 자발적으로 도와줄 수 있다.

다음은 문을 의미하는 '질문'이다. 상사에게 피드 포워드를 받을 때 적절한 질문을 던짐으로써 전략의 완성도를 한껏 높일 수 있다. 상대방의 생각을 떠보는 질문을 일명 '간 보기 질문'이라고 한다. 막연하게 "이런 건 어떻게 해야 하나요?", "제가 깊이 고민을 하지 못했어요. 팀장님은 어떻게 생각하세요?"라는 간 보기 식으로 질문하면 의미 있는 대화를 지속해 나가기 어렵다.

질문을 제대로 하기 위해서는 자신의 생각을 미리 밝히는 것이 가장 중요하다. 즉 질문하고자 하는 내용에 대한 자신의 솔직한 현재 생각을 제대로 먼저 밝혀야 상사가 자신의 현재 생각을 파악하고 적절한 의견을 이야기해 줄 수 있다. "핵심 조립 부품 5개의 구매처를 새롭게 개척하면 생산 일정을 한 달 정도 앞당길 수 있습니다. 그러면 고객사에서 요청한 제품납기를 맞출 수 있을 텐데요. 이를 바탕으로 실행 전략을 수립해 보면 어떨까요?"라는 식으로 궁금한 사항에 대한 대안을 생각해 두고서 질문을 하는 '제안형 질문'이 효과적이다.

마지막으로 답을 의미하는 '응답'이다. 상사가 의견을 구하거나 업무 요청을 할 때 표정, 눈빛, 말투, 제스처와 같은 비언어적 요소가 매우 중요하다. 심드렁한 말투라든지 탐탁지 않은 눈빛이라든지 금방 굳어 버리는 표정은 이미 무슨 말을 하기 전에 말할 기분을 상하게 하는 아주 주요한 요소이다.

업무 수행 역량이 탁월한 하이퍼포머 중에 '일만 잘하면 되지 내가 굳이 상사에게 필요 이상으로 살갑게 굴어야 할 필요가 있나?'라고 생각하는 사람도 있다. 물론 지나치게 아부하거나 필요 이상의 제스처를 하라는 말이 아니다. 상사로 하여금 말할 기분이 나게 기분 좋게 긍정적으로 대답하고 밝은 표정을 짓고 예의 바른 태도를 갖추라는 것이다.

강의를 할 때도 강사가 아무리 지식이 많고 달변가라 하더라도 표정이나 말투, 눈빛, 행동이 강의를 듣는 사람에게 불편하게 느껴진다면 그 강의는 성공적으로 끝나지 못한다. 속된 말로 '인간이 먼저 되어라.'라는 말이다. 나라는 인간 자체가 상사에게 호감을 주어야 코칭도, 소통도 시작되는 것이다.

특히 상사와 코칭을 받거나 커뮤니케이션을 할 때는 나 자신을 먼저 마케팅하여 수용하게 하고 업무 내용을 소통하는 것이 순서이다. 응답할 때에도 상사가 묻는 의도를 파악하여 결론부터 간결하게 말하는 것이 좋다. 우리는 상사의 질문에 성의 있는 대안을 내놓을 수 있는 조력자로서의 역할도 필요하다. 간략하고 명쾌하게 대답하되 근거나 사례를 제시하면 설득력이 더욱 높아질 수 있다.

셋째, 지원 요청 사항은 사전에 공유한다

지원 요청 사항은 사전에 공유해야 한다. 그런데 상사에게 아쉬운 소리를 하기가 불편해서 일을 시작할 때는 가만히 있다가 막상 일이 진행되면 이것저것 제대로 지원해 주지 않는다고 하소연해 봐야 자신만 무능력한 사람이 되어 버리고 만다. 그리고 막상 지원을 해 주었는데도 결과물이 기대만큼 제대로 나오지 않으면 상사의 질책을 받을 것 같아 아무 소리 하지 않고 넘어가는 경우도 많다.

새로운 일을 기획하고 실행하는 데에는 시간, 예산, 정보 등 다양한 자원이 필요하다. 전략을 실행하는 데 필요한 자원이 무엇이고 언제까지 필요로 하는지 등을 정확히 알고 상사에게 제안하고 설득해야 한다. 이를 위해 객관적인 데이터를 근거로 과거 성과와 전략을 분석하여 필요한 자원을 요청하는 자세가 필요하다.

상사가 지닌 한 수를 내 것으로 만들기 위한 가장 좋은 시점은 실행하기 전 단계이다. 즉 피드 포워드 개념에서 보면 목표와 전략을 수립하고 검토하는 시점에 하는 코칭이 핵심이라고 할 수 있다. 이후에도 필요할 때마다 지속적인 코칭을 받아야 상사가 원하는 모습대로 결과물을 만들어 낼 수 있다. 결과물에 대한 합의가 끝났다고 할지라도 자신이 세운 전략과 방법을 숲의 관점을 가진 상사의 눈으로 지속적으로 교정 받는 작업이 필요하다.

실제로 코칭은 크게 기획 단계(Planning), 실행 단계(Cruising), 평가/피드백 단계(Evaluating & Feedback)로 나뉘고, 각 단계별로 요청하는 포인트가 다르다. 기획 단계에서는 상사가 요구하고 있는 성과 목표에 대해 자신이 어떤 전략과 방법을 가지고 실행할지에 대해 전략을 코칭받도록 한다. 실행 단계에서 코칭의 핵심은 실행 전략과 방법의 적절성이다. 지난 성과를 목표 대비로 분석하여 왜 미달성되었는지, 초과 달성할 수 있었던 이유는 무엇인지 등 분석 결과를 토대로 하여 실행 전략과 방법에 대한 코칭을 받는다.

이를 바탕으로 다음 성과 목표와 전략을 고민한다. 평가/피드백 단계에서 중요한 것은 피드백이다. 코칭을 받기 전 스스로 자기 평가를 해 본 뒤, 상사가 불만족하는 결과물이 있는가에 대해 명확하게 코칭을 받는다.

이 단계에서는 객관적인 데이터로 다음의 성과를 창출하기 위한 전략과 방법을 코칭받을 수 있기도 하다.

자신에게 주어진 목표는 개인만의 목표가 아니다. 상사의 통찰력 있는 코칭과 자신의 실행력이 합쳐진 합작품이다. 원하는 결과물을 달성하기 위한 필수 조건은 통찰력을 가진 상사와의 팀워크이다. 상사가 무엇을 원하는가를 정확하게 알아야 자신의 업무 방향을 일치시킬 수 있다. 일을 시작하기 전에 자신이 수립한 전략에 대해 상사에게 적극적으로 코칭을 요청해야 한다.

업무 상황을 상사와 투명하게 공유하게 되면 서로에 대한 신뢰도 쌓일 수 있다. 상사는 가장 가까이에서 자신을 지켜보고 자신의 업무를 점검하고 평가를 하는 사람이다. 상사는 자신이 어떠한 방법으로 일을 수행할 것인지, 현재 어느 정도 일이 진행되고 있는지 늘 궁금해하기 때문에 중간 보고를 통해 앞으로는 이러한 방향으로 수행하려고 하는데, 어떻게 생각하는지 상사의 의견을 확인할 필요가 있다.

상사가 자신을 부를 때까지 기다리지 말라. 상사가 부르지 않더라도 자신의 전략을 들고 먼저 상사를 찾아가는 노력이 필요하다. 자기 몫을 자기가 찾아 나서는 적극적이고 부지런한 팀원을 싫어할 상사는 없다. 그런 의미에서 본다면 일하기 전에 주도적으로 코칭을 요청하는 업무 방식은 기존의 업무 스타일을 혁신시키는 중요한 도구가 될 것이다.

처방 **02**
실행을 나눠라

01 선행 과정 목표를 찾아라

과정 목표는 최종 결과물의 중간 목적지이다

성과 목표와 전략을 아무리 잘 수립했다고 하더라도 실행으로 옮기지 못하면 기대하는 성과를 낼 수 없다. 안타깝게도 실제로 이런 일들이 흔하게 일어나고 있다. 직장에서 공식적으로 성과 목표와 전략을 수립하라고 하니 일단은 정리하여 상사에게 보고를 하고, 승인을 받지만 바로 실행하지 않고 저만큼 미뤄 둔다.

그리고 일상으로 돌아와서는 이미 수립한 성과 목표, 전략과의 연계성이 미약한 일상적인 업무 진행 사항들을 중심으로 한 월간 업무 계획과 주간 업무 계획을 실행하고 있는 경우가 많다. 열심히 고민하여 만들어 놓은 성과 목표와 전략을 일상적인 업무 활동과 연계하여 제대로 실행하기 위해서는 실행 역량을 마음껏 발휘할 수 있도록 해야 하는데, 그러지 못하고 있는 것이다.

　대부분 성과 목표 자체가 단기간에 처리하기에는 범위가 크기 때문에 몇 개월에 걸쳐 나누어 진행해야 하는데, 전체 일정 중에서 일의 스피드와 강약을 어디에 두어야 할지 몰라 구체적인 실행 계획을 잡는데도 상당히 많은 시행착오를 겪는다.

　막상 의욕을 가지고 실행하려고 해도 업무 회의를 통한 업무 지시, 품의 제도, 결재 제도, 위임전결 규정 등과 같은 운영 시스템이나 제도적인 규정들이 현실적인 제약 요인으로 작용하여 제대로 실행하지 못하는 경우도 많다. 이렇게 되면 목표한 기간 내에 끝내야 할 일들을 처리하지 못하고 예상치 못하게 일들이 갑자기 눈덩이처럼 불어나 혼자 처리할 수 없을 정도로 심각한 상황에 처하기도 한다.

　그러나 일의 덩치가 크다고 해서 겁먹을 필요는 없다. 오히려 그런 업무일수록 요령만 알면 더 많은 것을 배울 수 있다. 본인이 소신을 가지고 성과 목표와 전략을 실행한다면 이러한 문제는 얼마든지 해결할 수 있다. 일을 수행할 때 데드라인을 정해 놓고 조감도로 아웃풋 이미지를 그려 놓은 후에 거기서부터 역계산하여 지금 자신이 실행해야 할 일을 선택하고, 집중할 필요가 있다. 그런 측면에서 실제로 일이 되도록 만드는 '실행 과정을 나누는 단계'가 매우 중요하다고 볼 수 있다.

　전략 수립 대상이 되는 목표는 궁극적으로 이루고자 하는 최종 성과 목표와 그 최종 성과 목표로 가기 위한 중간 거점의 선행 과정 목표로 나눌 수 있다. 처방 1의 '상품을 그려라'에서는 상사가 원하는 최종 성과 목표를 결정하는 과정에 대해 다루었다. 지금부터는 선행 과정 목표에 대한 개념을 이해하고 어떻게 하면 핵심적인 선행 과정 목표를 찾아낼 수 있는지에 대해 알아보고자 한다.

최종 성과 목표와 선행 과정 목표에 대한 개념은 실제 조직 차원에서의 목표를 비교해 보면 쉽게 이해할 수 있다. 조직에서 행해지는 수많은 일은 결국 조직 전체의 이익 극대화와 관련이 있다. 조직의 존폐 여부는 지속적인 이익 창출에 달려 있기 때문이다. 그래서 조직 차원에서 궁극적으로 달성하고자 하는 최종 성과 목표는 대부분 매출액, 영업 이익, ROS(매출액수익률), ROI(투자자본수익률) 등과 같은 재무적인 목표를 가장 중요시한다. 그렇기 때문에 CEO, 본부장, 팀장, 팀원들은 각자가 맡은 역할은 달라도 조직의 이익 창출과 전략적으로 연계된 성과를 책임지고 있다고 볼 수 있다.

조직이 원하는 재무적인 목표가 달성되기 위해 선행되어야 하는 것은 무엇일까? 바로 조직의 상품을 필요로 하는 고객들을 확보하는 것이다. 조직에서 제공하는 상품을 고객이 돈을 주고 거래해야 매출이 발생하고, 이익이 생긴다. 그래서 최대한 많은 고객을 확보하여 조직에서 생산한 상품을 많이 파는 것이 핵심이다.

그렇다면 많은 고객에게 많은 상품을 팔기 위해 필요한 것은 무엇일까? 바로 품질 좋고 값이 싼 상품이다. 상품은 무조건 좋아야 한다. 조직에서 제공하는 유형적 상품은 물론, 무형적인 서비스도 상품이라고 할 수 있다. 영업사원이 친절하고 상냥함을 갖추는 것은 기본이고, 고객에게 신뢰를 주기 위해 해당 상품에 대한 지식이 있어야 한다.

상품을 만드는 생산 부서에서는 불량품이 없는 완벽한 제품을 생산해야 하며, 불량 없는 제품을 고객이 원하는 값에 제공하기 위해 구매팀에서는 여기에 맞는 원가를 고려하여 고품질의 원자재를 구매해야 한다. 즉 조직 내부에서 상품을 기획하고 고객에게 전달하기까지의 프로세스가 좋아야 한다.

그리고 조직의 내부 프로세스가 좋으려면 조직에 속한 구성원들의 역량이 충분해야 한다. 구성원들은 꾸준히 학습하며 발전해 나가야 한다. 각자의 역할에 따라 요구되는 성과 책임을 다하며, 도전적인 업무 수행을 통해 자신의 역량을 향상시키거나, 사내·외 교육을 통해 자신의 역량을 꾸준히 향상시킬 수 있어야 한다. 그래서 상사와 조직이 원하는 성과를 더 좋은 품질로 더 빠르게, 더 정확하게 제공할 수 있어야 한다.

결국 재무적인 목표를 달성하기 위해서는 이와 연관된 모든 과정이 톱니바퀴처럼 잘 맞물려 이루어져야 궁극적인 최종 성과 목표를 달성할 수 있다는 결론이 나온다. 다시 말해, 재무 목표를 달성하기 위해 고객을 모으고 고객에게 많은 상품을 판매하는 과정은 최종 성과 목표를 달성하기 위한 선행 과정 목표인 것이다.

따라서 선행 과정 목표란, 최종 성과 목표를 달성하기 위한 중간 거점의 성과 목표로 정의 내릴 수 있으며, 업무 수행 결과의 성공 여부를 판단할 수 있는 중간 거점으로 이해하면 된다. 최종 성과 목표를 달성하기 위한 과정 선상에 위치하기 때문에 '과정 목표'라는 용어로 사용해도 무관하다.

고객을 모으고 고객에게 많은 상품을 판매하기 위해 우리 내부의 프로세스를 향상시키는 과정은 고객에 대한 목표 달성에 필요한 선행 과정 목표이다. 마찬가지로 우리 내부 프로세스 역량을 향상시키기 위해서는 꾸준히 학습하고 성장해야 하는 과정이 필요한데, 이 또한 내부 프로세스 향상에 필요한 선행 과정 목표가 된다. 그렇기 때문에 우리는 단순히 최종 성과 목표만을 목표로 설정해서 운영하기보다는 최종 성과 목표를 달성하기 위한 중간 과정을 기간별로 정해 선행 과정 목표로 설정하여 운영해야만 최종 성과 목표의 달성 가능성이나 완성도가 더욱 높아질 것이다.

선행 과정 목표를 설정하는 방법은 다음 두 가지가 핵심이다.

첫째, 핵심 변수를 달성하기 위해 반드시 선행되어야 할 목표를 결정한다

반드시 핵심 변수를 달성하기 위한 과정상에서 이루어 내야 할 선행 핵심 요인을 찾아야 한다. 그래야 최종 성과 목표와 선행 과정 목표가 전략적으로 연계될 수 있다. 재무지표에만 국한되어 목표를 잡는 것보다는 재무지표를 이루어 내기 위해 고객이나 업무 프로세스, 학습이나 성장 관점에서 고려해 보는 것이 바람직하다.

만약 핵심 변수가 재무적인 지표였다면 선행 과정 목표는 고객 중에서 설정하는 것이 좋고, 핵심 변수가 고객에 해당한다면 일을 개선하기 위한 업무 프로세스에서 과정 목표를 설정하는 것이 좋다.

연간 단위의 최종 성과 목표를 달성하기 위해서는 연간 성과 목표 조감도를 분석하여 분기별, 월별로 언제 어떠한 변수를 실행해야 할지 선행 과정 목표로 설정해야 한다. 예를 들어 연간 성과 목표가 매출액 10억 원이라면 매출액 10억 원을 구성하고 있는 고정변수와 변동변수를 분석하여 이번 분기에는, 이번 달에는 어떠한 변수를 집중적으로 공략할 것인지

선행 과정 목표를 설정한다.

이때 하지 말아야 할 것이 있다면, 연간 성과 목표와 달성 전략을 수립할 때 12개월을 1/n로 나누어 기계적으로 부여한 분기별 목표나 월간 목표를 선행 과정 목표로 삼는 것이다. 연간 성과 목표는 매출액 10억 원이지만 1월에는 매출액 목표보다 공략하고자 하는 법인 고객을 결정하고 전략을 구체적으로 수립하는 것이 월간 단위의 선행 과정 목표로 설정될 수 있다는 말이다.

둘째, 목표가 달성된 상태, 조건, 기한을 구체적으로 설정한다

목표가 실행으로 이어지기 위해서는 자신이 해야 하는 일의 분량이 얼마이고 언제까지 완료해야 하는가를 아주 상세하게 표현할 수 있어야 한다. 그래야만 이루어 내야 할 결과물이 명확해진다. 조감도를 그릴 때와 마찬가지로 선행 과정 목표 역시 눈을 감고 결과물을 정확하게 그려 낼 수 있을 정도가 되어야 한다.

보고서의 경우 몇 페이지에 어떠한 내용이 들어가고, 수준은 어느 정도인지 등을 최대한 객관적인 기준으로 정해야 한다. 자신이 공들여 한 일이 무용지물이 되지 않기 위해서는 일의 목표를 명확하게 알고 적절하게 잘 쪼개는 것이 중요하다.

또한 선행 과정 목표를 설정할 때 주의해야 할 점은 앞서 '목적지표'를 설정할 때 핵심 조건이기도 했던 '객관적 지표'로 표현해야 한다는 것이다. 선행 과정 목표에서는 최종 성과 목표를 이루기 위해 반드시 달성해야만 하는 선행 타깃이 매우 중요한데, 이 타깃에 대한 대상을 구체화하고 그 타깃을 목표화하여 수치화하는 것이 필요하다. 타깃의 구체화를 통해 플래닝과 실행을 통합할 수 있기 때문이다.

선행 과정 목표 설정은 조직 차원에서나 개인 차원에서나 최종 성과 목표 달성을 위한 매우 중요한 과정이라는 것을 기업 현장에서 있었던 실제 사례로 설명해 보자면 이렇다.

생산본부장 주관으로 실시된 월간 성과 회의가 있던 날이다. 생산본부 내의 각 팀장이 한자리에 모였다. 타 조직의 팀장들이 발표를 한 뒤에 생산팀장이 발표를 이어 나갔다. 생산팀장은 구체적으로 목표 대비 이번 달 생산량, 불량률, 가동률, C/T(사이클 타임)에 대한 원인 분석을 발표한 후에 다음 달의 성과 목표에 대해 발표했다.

"다음 달 생산팀 성과 목표 발표하겠습니다. 생산관리팀으로부터 전달받은 생산 계획에 의거하여 목표 생산량은 총 10,000개이며, 이번 달 불량률이 100ppm(Part Per Million : 100만분율. 불량 개수가 100만 분의 몇을 차지하는가를 나타낼 때 사용됨)인 것을 고려하여, 다음 달에는 불량률을 2% 감소시키겠습니다. 98ppm을 달성하기 위해서는 현재 문제되고 있는 A아이템의 '형상 휨'으로 인한 불량률을 개선해야 합니다. A아이템의 불량률을 다음 달 안으로 개선하여 100ppm으로 줄이면 전체 아이템의 평균 불량률을 98ppm으로 줄일 수 있습니다."

전체 불량률 2%를 감소하기 위해 선행적으로 무엇이 달성되어야 하는지 구체적인 선행 과정 목표까지 보고받은 생산본부장은 매우 기분이 좋았다. 생산본부장뿐 아니라 이 회의에 참석한 모든 팀장이 생산팀장의 보고를 통해 다음 달 공장의 전체 불량률은 2% 감소된 98ppm으로써, 2%

감소를 위해 A아이템의 '형상 휨' 불량을 120ppm에서 100ppm으로 줄여야 전체 불량률이 98ppm이 될 수 있다는 것을 인지할 수 있었다.

또한 선행 과정 목표는 각 팀장이 어떠한 역할과 책임을 다해야 하는지를 분명하게 보여 준다. 생산본부장은 공장 전체 불량률 98ppm을 책임져야 하고, 생산팀장은 A아이템의 불량률 100ppm을 반드시 달성해야 한다. 공정기술팀장은 비인정 비가동 시간을 30시간 내로 조정해야 하고, 품질관리팀장은 고객 반품 불량이 단 한 건도 발생되지 않도록 해야 한다. 즉 전체 불량률 2% 감소를 달성하기 위해 각 팀이 선행적으로 수행해야 할 목표들이 설정된 것이다. 최종 성과 목표를 달성하기 위해서는 여러 부서의 선행 목표가 수행되어야 한다. 회의에 참여한 팀장들은 팀으로 돌아가 자신의 성과 목표를 달성하기 위한 선행 목표를 팀원들에게 부여하게 할 것이다.

이제는 이 대리의 사례를 통해 개인 차원에서 선행 과정 목표를 찾는 방법을 살펴보도록 하자. 이 대리가 남성 고객 의류 제품 매출액 10억 원을 달성하는 것은 40~50대를 대상으로 경량화 등산복 매출액 4억 원을 달성할 수 있느냐의 여부에 달려 있다. 따라서 이 대리는 우선 40~50대 경량화 등산복 매출액 4억 원을 달성하기 위해 반드시 중간 거점으로 달성해야 하는 선행 과정 목표를 찾기로 했다.

이 대리는 재무적인 목표에 해당하는 매출액 4억 원을 달성하기 위한 중간 거점이 무엇일지 심도 있게 고민했다. 그 결과, 고객들의 구매 여부가 가장 직접적인 영향을 미친다고 판단했고 선행 과정 목표로 수도권 중심부에 위치한 매장의 특성상 매장 인근 기업 단체 고객과 매장에 직접 방문하는 고객들을 핵심 타깃으로 설정했다.

또한 과거 데이터를 근거로 분석하던 중 인근 상가번영회에서 야유회가 있을 때마다 단체복을 구매한 기록이 남아 있는 것을 보고 다른 상가번영회의 신규 고객을 확보해 보기로 했다. 그래서 이 대리는 40~50대 경량화 등산복 매출액 4억 원을 달성하기 위해 선행 과정 목표로 인근 기업(중소기업 이상) 고객 4곳 확보, 중부 지역 상가번영회 신규 고객 300명을 확보함으로써 결과적으로 매출액 2억 원 달성을 목표로 했다.

추가 2억 원은 매장에 직접 방문하는 고객을 대상으로 경량화 등산복 중에서도 이번 시즌 신제품을 적극적으로 제안하기로 했다. 가정의 달과 등산하기에 최적인 계절이 다가오기 때문에 선물을 구매하려는 고객이 많을 것으로 예상하여 선물용으로 구입하는 고객 400명을 대상으로 매출액 2억 원을 달성하는 것을 목표로 세웠다.

매장에 직접 방문하는 고객들에게는 제품은 물론 서비스도 상당히 중요하다. 그래서 이 대리는 매장에 직접 방문하는 고객들이 자신을 친절 사원으로 추천하여 조직 내에서 스마일 레벨 1등급을 취득하는 것이 자신이 이번에 달성해야 할 최종 성과 목표에 반드시 필요한 중간 거점 목표라고 판단했다. 자신이 친절하면 단골 고객을 유치할 수도 있고 고객의 지인들에게도 입소문이 퍼지는 데에 큰 도움이 될 수 있기 때문에 도전적으로 선행 과정 목표를 설정해 보았다.

도표 1 | 스포츠 의류 매장 영업팀 이 대리의 '선행 과정 목표' 사례

	처방 1. 상품을 그려라				처방 2. 실행을 나눠라
목적지표	목표수준	조감도	핵심 변수 분류	공략 방법	선행 과정 목표
남성 고객 의류 제품 매출액	10억 원	40~50대 경량화 등산복 4억 원	변동변수	인근 기업 대상 매출액 1억 3천만 원 • 100벌 이상 회사 로고 무료 부착 서비스 • 재구매 시 50벌당 20% 할인	인근 기업 고객 4곳 확보 (매출액 1억 3천만 원)
				중부 지역 상가번영회 고객 대상 매출액 7천만 원 • 20벌 이상 구매 시 등산용 기념 타월 무료 제작 • 상하의 세트 구매 시 10% 할인	중부 지역 상가번영회 신규 고객 300명 확보 (매출액 7천만 원)
				내점 고객 대상 매출액 2억 원 • 신상품 구매 시 1벌당 2인 식사 쿠폰 제공 • 가족 선물 구매 시 더블 마일리지 적립	가족 선물 고객 400명 확보 (매출액 2억 원)
					스마일 레벨 1등급 취득

대부분의 조직이나 사람은 연말에 진행될 평가를 염두에 두어 평가를 잘 받기 위한 실행 중심의 목표를 설정하여 실행하는 경우가 많다. 그러나 우리가 일을 하는 목적은 평가를 잘 받기 위한 수단이 아니다. 상사가 원하는 결과물을 만들고 궁극적으로는 조직의 성과 향상을 위해 중점적으로 달성해야 할 목표들을 위해 일을 하는 것이다.

우리는 위의 사례뿐 아니라 조직 내에서 최종 성과 목표를 달성하기 위해 선행되어야 할 수많은 과정 목표를 수행하면서 선행 과정 목표의 중요성을 이미 깨닫고 있을 것이다. 만약 지금까지 단순히 최종 성과 목표만 염두에 두고 실행하고 있었다면, 최종 목표 달성을 위한 선행 과정 목표가 무엇이 있을지 고민해 보도록 하자. 그래야 계획과 실행이 하나로 이어질 수 있다. 선행 과정 목표 없이도 최종 성과 목표를 달성해 본 적이 있다면 그것은 달성이 아니라 달성되어 보였을 것이다. 순차적으로 목표가 달성되지 않으면, 원하는 방향대로 목표를 달성하기 어렵고, 원하는 방향으로 일을 마무리 짓기 어렵다.

연간이 되었든, 월간이 되었든 또는 중·장기 프로젝트이든 궁극적으로 이루고자 하는 최종 성과 목표를 달성하기 위해 선행적으로 이루어야 할 과정 목표를 설정하고 이를 실행으로 옮기는 과정이 반드시 필요하다. 따라서 자신이 완수해야 할 성과가 무엇인지를 분석하여 그와 연계된 일들을 파악하는 일련의 과정들을 통해 상사가 원하는 결과물을 더욱 완벽하게 만들어 낼 수 있다.

02

목표를 주기별로 세분화하라

실행은 캐스케이딩(Cascading)이다

한 번 성과를 창출했다고 해서 그다음에도 무조건 성과가 달성될 것이라는 보장은 없다. 또한 아무리 완벽하게 분석을 하고 목표와 전략을 세웠다고 해서 저절로 그 목표가 달성되는 것은 아니다. 목표 실행에 대해 결코 낙관하지 말아야 하고, 성과에 대해서도 절대 과신해서는 안 된다. 무엇이든지 할 수 있을 것 같은 긍정적인 자신감과 도전적인 열정은 필요하지만 그보다 더욱 중요한 것은 목표를 달성하기 위한 전략과 실행 계획을 제대로 세우고 행동으로 옮기는 실행 역량이다.

설정해 놓은 목표는 구체적으로 실행에 옮겨야 실현 가능한 성과가 창출될 수 있다. 실행 계획을 진행해 나가면서 예상치 못한 장애 요인에 부덮치고, 전혀 생각지도 않았던 변수들 때문에 목표 달성율에 빨간불이 들어오는 경우가 한두 번이 아니다. 이러한 문제를 해결하기 위해 가장 좋은 방법은 실행을 함에 있어서 목표 실행 과정을 충분히 컨트롤할 수 있도록 조건을 만드는 것이다. 그러려면 시간적 차원에서 성과 목표를 잘게 나눌 필요가 있다. 6개월, 1년을 컨트롤하기는 힘들어도 하루, 일주일, 한 달 정도는 장애가 될 만한 요소와 변수들을 확인할 수 있고 사전에 예방하는 것도 가능하기 때문이다.

올림픽의 꽃이라고 하는 마라톤은 42.195km를 달리며 극한의 고통을 이겨 내야 하는 운동이다. 마라토너들은 무더운 날씨와 체력의 한계를 경험하면서도 어떻게 그 긴 거리를 완주할 수 있을까? 언뜻 그 거리를 들어서는 지금 우리가 있는 위치에서 어느 정도 떨어진 곳인지 가늠하기가 어렵다. 게다가 어느 정도의 속도로 뛰어야 하고, 어느 정도의 에너지가 있어야 가능한지도 알기 어렵다.

42.195km를 달려야 한다는 목표는 엄청난 압박감으로 작용한다. 그래서 마라토너들은 출발하자마자 눈에 보이는 목표물을 찾는다고 한다. 나무나 전신주를 목표 지점으로 정해 100m, 200m씩 나누어서 달리는 것이다.

이러한 방식은 훈련을 할 때에도 마찬가지이다. 매일 42.195km를 뛸 수는 없기 때문에 완주 거리를 5km씩 나누어 처음 5km는 워밍업 단계, 다음 5km는 속도 진입 단계, 그다음 5km는 속도 유지 단계 등 5km마다 훈련 방법을 구분한다. 그렇게 전체 완주 거리를 잘게 나눈 후에 그 거리마다 최상의 훈련법을 찾는 것이다. 마라토너들은 이러한 과정을 통해 자신이 원하는 기록에 도달한다.

　개인이 맡고 있는 일들의 실행 기간은 짧게는 2~3일이나 일주일 내에 끝나는 일이 많고, 간혹 1~4개월, 길면 1~2년 단위의 프로젝트가 있다. 시간이 길게 소요되는 일일수록 한 번에 모두 처리할 수 없고, 큰 목표만 덜렁 정해 놓고 실행에 옮기면 정해진 기간 내에 원하는 성과를 달성하는 것이 매우 어렵다.

　실행 기간이 길고 목표가 클수록 한정된 자원을 효과적으로 배분하기 어렵다. 한정된 자원을 전략적으로 배분하기 위해서는 성과 창출에 결정적인 영향을 미치는 일들이 무엇인지 구체적으로 찾아야 하는데, 목표 달성 기간이 길거나 목표가 크면 찾기가 쉽지 않기 때문이다. 그리고 실행하는 도중에도 예정대로 진행되지 않거나 기대하는 중간 결과물이 나오지 않는 등 문제가 발생했을 때 어디에서 문제가 발생했는지 원인을 파악하는 것도 쉽지 않다.

　따라서 마라토너가 달리는 구간을 짧게 나눈 것처럼 일의 진행 과정을 잘게 나누는 작업이 필요하다. 즉 실행력을 더 높이기 위해 일정한 주기별로 목표를 나눠야 한다는 의미이다. 우리는 그것을 캐스케이딩(Cascading)이라고 한다. 계획한 대로 제대로 실행하려면, 실행할 수 있도록 눈에 보이는 작은 단위로 잘게 나누는 것이 핵심이다. 세부적인 목표를 정해 놓고 나면 정확한 일의 분량과 기한이 정해진다.

　우리는 이미 최종 성과 목표를 실행하기 위해 반드시 선행적으로 완료해야 할 일들을 선행 과정 목표로 설정해 보았다. 이제는 선행 과정 목표를 일정별로 구간을 정해 놓고 그 구간에 따라 달성해야 할 목표를 세분화해야 한다.

하지만 여기서 반드시 명심해야 할 것이 있다. 그것은 바로 업무 분장에 의한 일상적인 업무 추진 계획을 중심으로 일정별로 해야 할 일을 나누는 것이 아니라, 선행 과정 목표를 중심으로 전략적으로 해야 할 일을 추진해야 한다는 것이다. 즉 일상적인 업무를 최선을 다해 열심히 하다 보면 목표가 달성되는 것이 아니라, 목표 달성에 결정적인 영향을 미치는 일들을 해야만 목표가 달성된다는 말이다.

흔히 습관적으로 월간 업무 계획이나 주간 업무 계획을 세우다 보면 자신이 맡은 업무 분장 중심으로 단순하게 일정에 맞춰 해야 할 일을 반복적으로 작성하기 쉽다. 연간 목표나 분기별 목표가 있다고 하더라도 사전에 월간 단위나 주간 단위로 반드시 달성해야 할 목표의 모습이 구체적으로 설정되어 있지 않기 때문에 달성하고자 하는 목표와 하고자 하는 일들의 인과관계가 직접적이지 않은 경우가 많다.

업무 매뉴얼이나 처리 절차를 단순하게 나열하는 식으로 일을 하다 보면 자신의 선행 과정 목표를 놓치게 되고 궁극적으로 이루어야 할 최종 성과 목표가 어떻게 연계되는지를 알 수 없게 된다. 그러면 목표와 전략 중심의 실행 계획을 수립하기가 어려워지고 자신이 수립한 계획은 계획에만 머물 뿐, 실행으로 이어지지 못하게 된다.

월간 단위나 주간 단위의 주기별로 세분화되어 나눠진 목표는 반드시 선행 과정 목표와 연동되어 있어야 한다. 그렇지 않으면 아무리 열심히 일을 수행해도 선행 과정 목표와 최종 성과 목표와 멀어진다. 그저 정해진 규정과 절차에 따라 실행하기 때문에 자신이 달성해야 할 성과와는 직접적으로 상관없는 일들을 하게 되기 때문이다. 그러면 연말이 다가올수록 달성해야 할 성과가 흐지부지되고 무엇을, 어떻게 해야 할지 모르는 막막한 상황에 직면하게 된다.

만약 자신이 속한 조직의 목표가 무엇인지, 조직의 목표 달성을 위해 자신이 기여해야 할 역할과 책임은 무엇인지, 수시로 주어지는 과제 수행을 통해 자신이 상사에게 제공해야 하는 성과가 무엇인지 모른다면 그리고 자신이 실행하고자 하는 목표와 성과가 직접적으로 연관되어 있지 않다면 업무 중심의 일상적인 계획 수준, 즉 일을 위한 일을 반복적으로 습관적으로 하고 있다고 보아도 된다.

이렇게 해야 할 일 중심의 일상적인 업무 추진 계획 수립이 가져오는 문제점은 무엇일까?

첫째, 최종 성과 목표와 선행 과정 목표를 제대로 수립했다고 하더라도 일일, 주간, 월간 단위의 목표에 반영되기 힘들고 구체적인 실행으로 이어지지 못한다.

둘째, 목표를 달성하기 위한 전략이 아니라 맡은 바 해야 할 일 중심으로 운영하다 보면, 주변의 다양한 변수로 인해 그때그때 눈앞에 주어지는 일에만 매달리게 되어 전체적인 완료 일정을 놓치기 쉽다.

셋째, 이러한 악순환에 의해 자신의 성과 목표를 달성하는 데 결정적인 영향을 미치는 요소인 고정변수와 변동변수를 분석할 시간도 없고, 자연스럽게 목표 따로 실행 따로의 업무 추진이 되어 버리고 만다.

따라서 이러한 세 가지 문제점을 예방하기 위해서는 실행 과정을 주기적으로 관리할 수 있는 구체적이고 세분화된 목표가 필요하다. 우리는 제1 고객인 상사와 지속적인 거래를 하기 위해 주어진 일을 상품성 있게 해야 한다. 이때 제대로 하기 위해서는 정해진 기간 내에 업무 수행을 통해 만들어 내야 할 결과물인 성과 기준을 정의하고, 이를 달성하기 위한 전략을 수립하고 세부 실행 계획을 세워야 한다. 그리고 이를 분기, 월간, 주간, 일일 단위로 캐스케이딩하여 실행해 나가는 것이 중요하다.

상사로부터 수시로 주어지는 일들도 마찬가지이다. 일을 시작하기 전에 상사가 원하는 결과물인 성과 기준이 구체적으로 어떠한 모습인지, 끝내야 할 마감 기한이 언제까지인지 상사와 합의하고 상사가 원하는 결과물을 어떻게 구체적으로 추진할 것인지 대략적인 실행 로드맵을 가지고 상사의 코칭을 받아야 한다. 그리고 나서 마감 일정을 역계산하여 주간 단위나 일일 단위로 선행 과정 목표를 수립하고 실행해 나가야 한다.

이때 자신이 가진 자원을 최대한 효과적으로 사용할 수 있도록 선행 과정 목표를 나누는 것이 바람직하다. 예를 들면, 한 해 동안 달성해야 할 선행 과정 목표를 매월 성과 목표로 쪼개기 위해 일률적으로 12등분을 하는 것보다 3~4월에 더 높은 성과 목표 수준을 달성할 수 있다면 3~4월에는 더 높은 수준의 목표를 설정하는 것이 바람직하다.

예를 들어 계절의 영향을 많이 받는 상품을 판매하는 이 대리의 경우, 주기별로 목표를 캐스케이딩할 때 성과 창출이 더 용이한 계절에는 더 높은 수준의 목표를 설정하는 것이 연간 성과 목표를 감안할 때 더 나을 것이다. 이 대리의 선행 과정 목표 중에서 상가번영회의 신규 고객 모집은 야외 활동이 많은 봄과 가을이 기회이며, 가족 선물 구입 고객은 가정의 달인 5월이나 연말에 가장 많을 것이다. 주기별로 목표를 세분화하면 언제 어디에 더 집중 공략해야 하는지 타깃이 구체적으로 보인다.

성과를 창출하기 위해서는 일하는 방식을 성과 목표와 전략 중심으로 혁신시켜야 한다. 그중에서도 핵심은 주기별로 실행해야 할 목표를 구체적으로 나누고 전략을 수립하는 과정이다. 예전처럼 단순한 업무 나열식의 월간이나 주간 업무 관리 프로세스를 따라 일하지 말고 일정 기간 동안 달성해야 할 목표와 전략 중심으로 혁신하는 것이 중요하다.

일을 할 때 막연하게 주어진 일을 모두 다하겠다는 의지를 다지는 것보다 일의 결과물을 명확하게 하고 결과물에 결정적인 영향을 미치는 구성 요소 중심으로 선택과 집중을 할 줄 알아야 한다. 이때의 구성 요소는 당연히 결과물을 이루는 구성 요소이다.

월간 단위나 주간 단위로 구현되는 성과물은 최종적으로 달성해야 할 성과 목표를 달성하기 위한 과정상의 성과물인 동시에 전체적인 성과 목표에 도달하기 위해 어디까지 왔는지 알아볼 수 있는 일종의 '좌표'라고 볼 수 있다. 이 좌표를 일상적인 업무 수행과 잘 어울리게 하려면 시간적인 차원에서 더욱 정밀하고 세밀한 성과 관리가 필요하다.

그러려면 월간이나 주간, 일일 단위로 목표를 캐스케이딩하여 하루, 일주일, 한 달 단위로 구체적인 목표 중심의 경영을 해야 한다. 제아무리 큰 성과 목표라고 하더라도 주기별로 잘게 나누어 일주일이나 한 달 단위로 운영하다 보면 현재 상태를 구체적으로 파악할 수 있는 것은 물론, 최종적인 성과 목표에 실현 가능하게 근접할 수 있다. 이 과정을 통해 이번 달에 목표를 달성하지 못했다면 매월 주기적인 피드백을 통해 문제점이 발생한 원인을 분석하고 이를 만회하기 위한 전략을 시도할 수 있다. 또한 잘게 나누어진 목표는 일을 실행하는 본인에게 무엇인가를 이루고 있다는 작은 성취감을 북돋아 주는 데에도 효과가 있다.

그렇다면 주기별로 목표를 세분화하려면 어떻게 해야 할까?

첫째, 선행 과정 목표 또한 사전에 조감도로 그려 본다

우리는 목적지표를 달성하기 위해 어떠한 요소들을 공략해야 하는지 사전에 조감도로 그려 본 바 있다. 선행 과정 목표 또한 사전에 조감도로 그려 보아야 주기별로 먼저 달성되어야 할 선행 과정 목표가 무엇인지 알 수 있다.

조감도 없이 바로 일정별로 목표를 세분화하면 타깃이 명확하지 않아 구체적인 실행 방법 수립에 차질이 생긴다. 언제 어떤 일을 집중 공략해야 할지 알 수 없으니 매출액이나 원가 절감액 목표같은 경우 단순하게 12개월로 나누어 월별로 달성해야 할 수치 목표를 습관적으로 목표로 설정하기 쉽다.

조감도를 그려 보면 일정별로 우선 달성되어야 할 선행 과정 목표가 무엇인지 알 수 있을 것이다. 이렇게 선행 과정 목표 중에서도 우선적으로 달성되어야 하는 과정 목표의 우선순위가 정해지면 한정된 자원을 배분하기에도 용이하고 타깃이 세분화되어 타깃별로 공략해야 할 실행 방법들을 구체적으로 세울 수 있다.

둘째, 선행 과정 목표별로 관리 주기를 어떻게 설정할 것인가를 결정한다

자신이 맡은 일의 목표를 정확하게 알고 나면 일의 분량과 기한이 정해진다. 이때 중요한 것은 다른 일과의 연계성과 자신의 다른 업무에 할애하는 시간들을 잘 계산하여 정하는 것이 중요하다.

자신이 세운 선행 과정 목표를 실행하기 위해 매월마다 해야 하는 일인지 또는 주간 단위로 해야 하는 일인지를 판단하고, 월간이나 주간 단위로 목표를 세부적으로 나누어 자신이 실행할 수 있는 눈에 보이는 작은 단위로 잘게 만들도록 한다. 6개월 동안 완료해야 하는 선행 과정 목표라면 1개월 단위 목표, 그다음으로는 주간 단위 목표, 더욱 세부적으로 일일 단위 목표를 정하면 된다.

셋째, 정해진 주기에 맞춰 달성할 목표를 객관화된 수치로 표현한다

일일, 주간, 월간 단위로 자신이 달성해야 할 목표 수준을 설정하고 실행이 용이한 형태로 잘게 나눈다. 이때 반드시 일정 기간 동안 업무 수행을 통해 달성하고자 하는 결과물을 구체적으로 정량화·계량화하여 공략해야 할 대상을 사전에 구체화해야 한다는 것을 명심해야 한다.

많은 사람이 목표를 계량화하는 일은 상당히 어렵다고 말한다. 특히 연간 단위나 반기 단위도 아니고 월간 단위나 주간 단위의 목표를 계량화하라고 하니 대부분 '해야 할 일'을 목표라고 생각한다. 목표라고 하는 것은 그 단위가 어떻게 되었든지 일정 기간 동안 일을 통해서 이루고자 하는 결과물의 모습을 구체적으로 표현해 놓은 것이다. 이루고자 하는 결과물이 무엇인지 제대로 알면 목표를 구체적으로 표현하는 것은 어렵지 않다.

정량화나 계량화가 어려우면 이루고자 하는 결과물의 모습을 구체적으로 묘사하여 표현해 놓으면 된다.

　이 대리는 주기별로 목표를 세분화하는 세 가지 방법을 토대로 먼저 선행 과정 목표를 조감도로 나타내 보았다. 선행 과정 목표인 기업 고객 4곳을 확보하여 1억 3천만 원을 달성하기 위한 구성 요소는 C기업 조직 강화 활동 단체복 5천만 원, K기업 신입사원 단체복 1천만 원, H증권 팀장 리더십 교육 단체복 4천만 원, S은행 팀장 리더십 교육 단체복 3천만 원이다. 조감도에 나타난 요소 중에서 다음 달이 야외 활동하기 좋은 5월임을 감안하여 C기업 조직 강화 활동 단체복 2천 5백만 원, K기업 신입사원 단체복 5백만 원 매출을 달성하는 것을 월간 목표로 선정했다.

　또한 가정의 달인 5월은 부모님께 선물하려는 고객이 많을 것으로 예상되어 목표한 내점 고객 400명 중 50%를 이번 달에 확보해야 하고, 상가번영회 중 5월에 행사를 하는 곳은 농수산물센터이므로 이 또한 5월 월간 목표에 반영하였다.

도표 2 | 스포츠 의류 매장 영업팀 이 대리의 '월간 목표' 사례

선행 과정 목표	선행 과정 목표 조감도	월간 목표(5월)
인근 기업 고객 4곳 확보 (매출액 1억 3천만 원)	• C기업 조직 강화 활동 단체복 5천만 원 • K기업 신입사원 단체복 1천만 원 • H증권 팀장 리더십 교육 단체복 4천만 원 • S은행 팀장 리더십 교육 단체복 3천만 원	• C기업 조직 강화 활동 단체복 2천 5백만 원 • K기업 신입사원 단체복 5백만 원
중부 지역 상가번영회 신규 고객 300명 확보 (매출액 7천만 원)	• 악기 상가번영회 100명 • 귀금속 상가번영회 50명 • 전자 상가번영회 50명 • 농수산물센터 번영회 100명	• 농수산물센터 번영회 100명
가족 선물 고객 400명 확보 (매출액 2억 원)	• 선물용 신상품 구매 고객 250명 • 선물용 경량화 등산복 구매 고객 150명	• 선물용 신상품 구매 고객 100명 • 선물용 경량화 등산복 구매 고객 100명
스마일 레벨 1등급 취득	• 본사 홈페이지 내 고객의 소리 불만족 0건 • 친절 사원 고객 추천 15건	• 본사 홈페이지 내 고객의 소리 불만족 0건 • 친절 사원 고객 추천 3건

우리는 상사와 조직이 원하는 성과에 기여하기 위해 실질적인 전략과 방법을 실행하는 주체라는 점을 명심해야 한다. 따라서 이제는 단순히 하고 있는 일의 업무량을 보여 주기 위한 형식적인 절차나 늘 해 오던 방식대로 일하던 습관을 바꾸어야 한다. 현실에 충실하여 최선을 다하다 보면 미래에 무언가 이루어질 것이라는 막연한 기대감은 버려야 한다.

그렇지 않으면 열심히 하고 있는 일이긴 하지만 목표 달성에 결정적 영향을 미치지 않아서 매일마다, 매주마다 쉬는 시간 없이 일했는데도 불구하고 일은 일대로 하고 목표는 좀처럼 달성되지 않는 현상을 경험하게 될

도표 3 | 스포츠 의류 매장 영업팀 이 대리의 '주간 목표' 사례

선행 과정 목표 조감도	월간 목표(5월)	주간 목표(5월 1주)
• C기업 조직 강화 활동 단체복 5천만 원 • K기업 신입사원 단체복 1천만 원 • H증권 팀장 리더십 교육 단체복 4천만 원 • S은행 팀장 리더십 교육 단체복 3천만 원	• C기업 조직 강화 활동 단체복 2천 5백만 원 • K기업 신입사원 단체복 5백만 원	• C기업 티셔츠 500벌 물량 확보 • 디자인, 생산팀에 C기업 기업 로고 500건 제작 발주(디자인, 생산팀 협업 공문 발송 1건) • K기업 점퍼, 바지 각 30벌 물량 확보 • 생산팀에 K기업 등산용 기념 타올 30장 제작 발주
• 악기 상가번영회 100명 • 귀금속 상가번영회 50명 • 전자 상가번영회 50명 • 농수산물센터 번영회 100명	• 농수산물센터 번영회 100명	• 농산물센터 번영회 티셔츠, 바지 50벌 물량 확보 • 농산물 번영회 등산용 기념 타올 50장 제작 발주
• 선물용 신상품 구매 고객 250명 • 선물용 경량화 등산복 구매 고객 150명	• 선물용 신상품 구매 고객 100명 • 선물용 경량화 등산복 구매 고객 100명	• 신상품 물량 200벌 발주 • 선물용 신상품 구매 고객 30명 확보
• 본사 홈페이지 내 고객의 소리 불만족 0건 • 친절 사원 고객 추천 15건	• 본사 홈페이지 내 고객의 소리 불만족 0건 • 친절 사원 고객 추천 3건	• 본사 홈페이지 내 고객의 소리 불만족 0건

것이다. 우리가 가지고 있는 자원은 한정적이기 때문에 목표 달성과 직접적인 연계성을 가진 일에 우선적으로 시간을 배정해야 한다는 것을 늘 명심해야 한다.

조직에서 수시로 실행하고 있는 회의나 워크숍, 교육을 생각해 보자. 회의를 하기 전에 구체적인 목표를 세웠는가? 그것이 주간 업무 회의가 되었든 어떤 문제를 해결하기 위한 회의가 되었든 회의 안건은 있는데 회의가 끝났을 때 회의에 참석한 사람들이 기대하는 결과물의 모습이 목표의 형태로 사전에 공감이 되었는가? 그리고 워크숍이 되었든 교육이 되었든 시작하기 전에 워크숍이나 교육이 끝나고 나서 기대하는 목표를 사전에 명확하게 설정했는가? 아니면 끝나고 나서 설문조사라는 형태를 빌어 만족도를 물었는가?

달성하고자 하는 목표가 구체적이지 않으면 해야 할 일이 정해지지 않는다. 회의나 교육을 제대로 하고 싶으면 이루고 싶은 목표가 구체적으로 무엇인지 사전에 정한 뒤에 시작해야 무엇을 해야 할 것인지가 명확하게 정해진다. 항상 목표가 정해져야 해야 할 일이 정해진다는 것을 명심해야 한다.

왜 조직에서 예산 관리에 그렇게 목숨을 거는 것일까? 왜 조직에서 그렇게 인원을 조직별로 미리 정원을 정해 놓고 관리하는 것일까? 왜 일을 할 때 늘 마감 기한을 정해 놓는 것일까? 인력과 예산과 시간은 대표적인 한정된 자원이기 때문에 낭비하지 않고 잘 관리해야 한다는 뜻이다. 그래서 어느 조직이든지 원가 절감 목표, 비용 절감 목표를 빠지지 않고 세우고 중요한 목표로 관리하고 있다.

그런데 정작 중요한 것은 자원 그 자체를 아끼는 것이 아니라 조직에서 달성하고자 하는 이익이나 매출액과 같은 성과 목표 달성에 직접적으로 영향을 미치지 않은 일에 자원을 투입하는 것을 경계해야 한다는 것이다. 자원을 절감하기 위한 최고의 방법은 무엇일까? 그것은 바로 기대하는 성과가 무엇인지 구체화하고 성과를 달성하기 위한 전략과 방법을 타깃 중심으로 구체화해서 성과 목표와 전략 실행의 인과관계를 높이는 것이다. 따라서 막연한 예산 관리, 인원 관리, 시간 관리보다 목표와 전략 중심의 자원 관리가 핵심이다.

혹시 이런 말을 알고 있는가?

"Everybody wants to go to heaven, But nobody wants to die."

(모두 천국에 가고 싶어 하지만, 누구도 죽기를 바라지는 않는다.)

이 말을 성과와 관련하여 변용해 보면 아래와 같은 의미가 될 것이다.

"Everybody wants performance, But nobody wants to make strategies."

(모두 성과를 내고 싶어 하지만, 누구도 전략은 고민하지 않는다.)

이제는 바뀌어야 한다. 조직에서 자신이 부여받은 성과 목표에 책임을 다하기 위해 선행 과정 목표를 보다 구체적으로 먹기 좋게 세분화할 줄 알아야 한다. 주기별로 목표를 세분화하게 되면, 실행 단계에서 무엇에 집중하고 어떻게 해야 할지 구체화하는 계기가 된다. 그 결과, 실행 과정에서 구성원들과의 중복된 의사 전달이나 갈등 없이 자신의 과제를 인식하고 자율적으로 수행하는 기반이 될 수 있다. 또한 자신의 목표를 월간이나 주간 단위로 지속적으로 추적·관리할 수 있으니, 성과를 창출해 내는 역량이 몸에 체화되는 것은 어찌 보면 당연하다.

03

변수별 실행 방법을 수립하라

변동변수는 장애요인이다

성과 코칭이나 강의 때문에 조직을 방문하여 구성원들에게 "분기, 월간, 주간 단위로 계획했던 목표를 잘 실행하고 계십니까?"라고 물어보면 대부분 머뭇거리지만, 종종 "늘 하던 일인 걸요. 열심히 잘하고 있습니다."라고 시원하게 대답하는 사람도 있다. 그래서 정말 잘하고 있는지 대화를 나눠 보면, 당연하게 해야 할 일들만 적어놓고 그것을 제대로 실행하고 있다고 착각하는 경우가 대부분이었다.

누구나 무언가를 시작하기 전에는 간단하게든 복잡하게든 계획을 짠다. 2박 3일의 여행을 떠나기 전에도 계획을 세우며 낯선 곳에서의 시간을 알뜰하게 쓰려고 한다. 마찬가지로 업무를 실행할 때에도 실행 계획을 세우게 마련이다. 본래의 실행 계획이란 '미래의 어느 시점에 달성하고자 하는 성과 목표 모습을 먼저 그려 보고 이를 바탕으로 실천해야 할 선행 과정 목표를 역계산하여 일정 주기별로 목표를 세분화해 놓고 타깃 과제 혹은 변수별로 최적의 실행 경로를 찾아내는 시뮬레이션'을 의미한다. 쉽게 말해 '변수를 고려한 세부 실천 계획'이라고 보면 된다.

변수별 실행 방법을 수립하는 방법에 대한 전체적인 틀은 앞서 '집중해야 할 핵심 변수를 선택하라'에서 살펴본 바와 유사하다. 전략은 항상 목표의 지배를 받는다. 따라서 원하는 결과물을 달성하기 위한 전략 수립의 대상은 '목표'가 되어야 한다.

전략에서의 핵심 포인트는 목표 달성을 위해 집중 공략해야 할 대상, 타깃이 무엇인지를 설정하는 것이다. 그러므로 우리가 이루고자 하는 목표가 어떠한 모습인지 실제 이루어진 것처럼 구성 요소의 형태로 조감도화해 보고 그 구성 요소를 고정변수와 변동변수로 분류한 후에 실행 방법을 수립하는 것이 바람직하다.

그렇다면 변수별 실행 방법을 어떻게 수립해야 할까?

첫째, 주기별로 세분화한 목표에 대해 구성 요소의 형태로 조감도화하여 공략 대상과 실행 방법을 맞춘다

분기, 월간, 주간, 일일과 같이 주기별로 목표를 달성하기 위한 실행 방법의 핵심은 목표가 달성된 상태의 구성 요소가 명확하여 공략하고자 하는 대상이 구체적이어야 한다는 것이다. 공략할 대상이 명확해야 구체적인 실행 방법도 나오기 때문이다. 열심히 일을 해도 목표 달성이 제대로 되지 않는 이유 중의 하나는 자신이 일을 완료했을 때의 모습을 잘 모르

고 그저 맡은 바 일을 열심히 하기 때문이다. 무엇을 위한 일인지, 어떤 타깃을 겨냥하고 있는지 공략하고자 하는 대상이 구체적으로 정해지지 않은 상태에서 그저 일정별로 나열된 업무 목록(To do list)은 단순히 업무 진행 순서에 지나지 않는다. 해야 할 일의 리스트에는 자신이 '얼마나 노력하겠다.'라는 의지는 담겨 있을 수 있지만 월간, 주간, 일일 성과 목표 달성에 결정적인 영향을 미칠 수는 없다.

주기별로 달성할 세분화된 목표는 해당 주기별로 그 실행 방법이 가시적인 성과로 실현되어야 한다. 그러기 위해서는 원하는 기간 동안 이루고자 하는 성과 목표의 모습이나 상태, 구성 요소가 명확해야 한다. 즉 성과 목표를 달성했을 때의 구성 요소를 명확히 해야 한다는 의미이다.

구성 요소가 명확하지 않으면 그 구성 요소를 달성할 수 있는 전략도 구성 요소별로 나오지 않는다. 한 달 동안 어떤 구성 요소를 공략할지 대상을 정하고 타깃 대상별로 어떠한 방법으로 실행할지 정해야 한다. 예상되는 결과물이 분명할수록 전략이 실행력을 뒷받침할 수 있다.

둘째, 구성 요소에서 변동변수와 고정변수를 구분하고 변동변수와 고정변수를 공략하기 위한 세부 실행 과제를 구체적으로 도출하여 실행 방법을 수립한다

주기별로 세분화된 목표를 구성하고 있는 구성 요소들 중에서 일상적이거나 통상적인 노력으로 달성할 수 있는 구성 요소는 고정변수이다. 새롭고 혁신적인 방법으로 실행해야만 달성할 수 있는 구성 요소는 변동변수로 구분하면 된다.

변동변수로 선택된 구성 요소는 결과물을 만들어 내기 위해 지금까지 해 왔던 일상적이거나 통상적인 방법이나 절차가 아니라, 창의적 아이디어가 필요하거나 공략하는 방법을 혁신적으로 바꿔야 하는 상황이다. 이때는 공략할 타깃에 집중하여 맞춤형 실천 계획을 세우는 것이 중요하다.

고정변수는 기존에 늘 실행해 오던 일이거나, 정기적으로 해 온 방식대로 실행하거나, 방법이나 절차가 매뉴얼화 되어 있어서 많은 자원이 투입되지 않아도 되는 경우이다. 따라서 고정변수를 공략하기 위해서는 성과를 내는 기존의 프로세스나 방법을 적용해도 성과를 달성할 수 있을 것이다. 물론 이 경우에도 고정변수로 분류된 구성 요소들의 현재 상태를 면밀히 분석해 보는 작업이 선행되어야 함은 두말하면 잔소리이다.

셋째, 변동변수와 고정변수를 공략하기 위해 도출된 세부 실행 과제들에 대한 성과 목표와 마감 기한을 도전적으로 기재한다

목표를 달성하기 위한 세부 실행 과제나 공략 대상은 120%로 설정한다. 120%를 달성하기 위한 방법을 실행하다 보면 실현 가능한 수준으로 설정해 놓은 목표는 달성할 수 있기 때문이다.

목표는 항상 실현 가능한 수준으로 설정하되 실행 전략이나 방법은 항상 도전적으로 수립해야 한다. 그래야 목표 달성을 위해 좀 더 혁신적이고 창의적인 생각을 하게 되고 역량이 향상되며 자신의 발전을 이룰 수 있다. 그래서 전략은 반드시 최대로 많이 설정하여 준비해 두어야 목표 미달성이라는 최악의 사태를 대비할 수 있다. 항상 최악의 상황을 염두에 두고, 목표를 달성하기 위해 내가 실행해야 할 세부 실행 과제나 타깃 고

객은 가능한 최대한으로 준비해야 한다.

　마감 기한도 마찬가지이다. 일을 진행하다 보면 예상치 못한 장애 요인이 발생하기도 한다. 상사의 피드백을 받아 보완하거나 다시 한 번 결과물을 확인하는 등 일의 완성도를 높이기 위해 되도록이면 업무 마감 예정일보다 일을 일찍 마치는 것이 좋다. 목표를 달성해야 하는 기간이 일주일이라면 대략 전체 일정 중의 3분의 1 시점인 화요일 정도까지 전반적인 내용들이 어느 정도 완성되고 남은 기간 동안은 애초의 목표 조감도대로 완성되었는지 검토하고 상사의 피드백을 바탕으로 수정·보완하는 것이 좋다.

　그런데 일반적으로 일을 하는 모습을 분석해 보면 상사로부터 업무를 지시받거나 월간이나 주간 목표 달성 전략을 세우고 난 뒤 바로 고민해서 상사의 피드포워드 전략 코칭을 받아 적극적으로 실행하는 사람은 극히 드물다. 대부분은 평소 때는 천천히 실행하다가 마감 기한이 다가오면 그제야 부랴부랴 바쁘게 움직인다.

　목표 달성을 위한 전체 일정 중에서 전반부 30% 일정 내에 대략적인 결과물이 완성되지 않으면 반복적인 일정 지연을 피할 수 없다. 하루라도 빨리 완료하는 것은 상관없다. 하지만 1분이라도 일정이 지연되면 아무리 좋은 결과물이라고 해도 맛은 있지만 유통기한이 지난 음식과 다를 바가 없다. 일을 일정보다 당겨서 하는 가장 좋은 방법은 세부 일정별로 나누어 하는 것과 일을 시작하기 전에 상사의 피드포워드 전략 코칭을 받는 것이다.

　일을 하는 사람이라면 누구나 달성해야 할 목표 수준이 높거나 마감일이 촉박할 때 본능적으로 자신이 가진 가장 한정적인 자원인 시간을 효율적으로 배분하여 일을 처리하게 될 것이다. 그래서 가급적이면 월간 단위나 2주와 같이 너무 길게 업무 추진 계획을 수립하지 말고 일주일이나 일일 단위로 짧게 실행 목표를 세분화해서 수립하여 추진하는 것이 일의 완성도를 높이는 지름길이다.

넷째, 실행을 완료한 후 목표 대비 성과를 분석하여 반복적인 실패를 예방해야 한다

월간이나 주간 단위로 달성해야 할 성과 목표에 비해 자신이 이루어 낸 성과가 어느 정도인지 구체적으로 분석해야 한다. 목표를 달성하기 위해 자신이 수립했던 실행 방법이 제대로 들어맞았는지, 아니면 헛된 노력이 었는지를 판단하기 위해서이다. 성과를 달성했다고 하더라도 반드시 전략 실행 과정에 대한 분석이 필요하다.

'40~50대 경량화 등산복 월매출 3천만 원'을 달성하기 위해 인근 지역의 기업체에서 근무하는 팀장 이상의 남성을 타깃으로 실행 방법을 수립했다고 해 보자. 월매출이 3천 5백만 원으로 초과 달성했더라도 자신이 수립했던 실행 전략과 방법대로 성과가 창출된 것인지를 분석해 보아야 한다. 실제로는 40~50대 팀장 이상의 남자 직장인이 구매한 것이 아니라, 젊은 사람이 입어도 무관한 디자인이라서 20대 대학생이나 30대 초반 직장인들이 구매하여 매출이 달성되었을 수도 있기 때문이다.

운 좋게 어쩌다 한 번 성과가 창출된 것은 반복적인 성과 창출을 장담할 수 없다. 성과 창출에 결정적인 영향을 미치는 선행변수가 지속적이고

반복적으로 인과관계를 형성하기 때문이다. 비록 성과 창출이 목표한 만큼 달성되지 못했다 하더라도 달성되지 못한 원인을 정확하게 분석하고 이를 만회해야 한다. 그래야 다음번의 성과 목표를 달성하기 위한 조감도를 그리고 전략을 수립하며 공략 방법을 찾을 때 좀 더 효율적으로 일을 진행할 수 있다.

다섯째, 달성하지 못할 경우의 만회 대책을 미리 수립한다

목표했던 성과를 달성하지 못했을 경우, 이를 만회하기 위해서는 세 가지를 명심해야 한다. 먼저, 실행하기로 했던 세부 실행 과제를 제대로 실행했는가를 확인하는 것이고, 다음으로는 설정한 타깃인 세부 실행 과제가 제대로 들어맞았는지 확인하는 것이다. 이는 미달성 목표의 원인을 찾을 수 있는 가장 중요한 부분이다.

마지막으로, 타깃이 제대로 설정되었는데도 성과를 내지 못했다면 타깃을 공략하는 방법을 분석해 봐야 한다. 이러한 경우 공략 방법이 적절하지 못했거나 목표 수준에 부합하는 창의적인 실행 계획을 구사하지 못했을 가능성이 높기 때문이다.

일을 하다 보면 예상치 못한 상황들이 발생하여 계획대로 일이 실행되지 않는 경우가 발생하곤 한다. 이것이 쌓여 자신이 애초에 기획했던 성과 목표를 달성하지 못하게 되기도 한다. 실수는 누구나 한 번씩 할 수 있다. 그러나 단순히 실수라고만 치부하고 방치해 두어서는 안 된다. 사소한 것들에 신경 쓰고 보완하는 만큼 인정받는 성과를 낼 수 있다.

따라서 자신이 달성하고자 하는 목표를 달성해 내는 과정에서는 냉정

도표 4 | 스포츠 의류 매장 영업팀 이 대리의 '변수별 실행 방법' 사례

이 대리의 성과 목표		(5)월 변수별 실행 방법			
		(5)월간 목표	변동변수 & 고정변수별 실행 방법	매출액	예정일
연간 성과 목표	남성 고객 의류 제품 매출액 10억 원	• C기업 매출액 2천 5백만 원 • K기업 매출액 5백만 원 • 농수산물센터 번영회 100명 • 선물용 신상품 구매 고객 100명 • 선물용 경량화 등산복 구매 고객 100명 • 본사 홈페이지 내 고객의 소리 불만족 0건 • 친절 사원 고객 추천 3건	〈변동변수별 실행 방법〉 • C기업 매출액 2천 5백만 원 -조직 강화 활동 단체복 티셔츠 500벌 물량 확보 -디자인, 생산팀 협업 공문 발송 1건 (C기업 로고 프린팅하여 티셔츠 500벌 생산)	2천 5백만 원	5/30 5/1~14 5/1 5/1~14
연간 성과 목표 조감도	··· 40~50대 경량화 등산복 매출액 4억 원		• 농수산물센터 번영회 100명 -농산물센터 티셔츠, 바지 50벌 물량 확보 -수산물센터 재킷 50벌 이월상품 물량 확보	100명 확보 (8백만 원)	5/14 5/30 5/30
선행 과정 목표	기업 고객 4곳 확보 (매출액 1억 3천만 원)	고정변수 & 변동변수			
	중부 지역 상가번영회 신규 고객 300명 확보 (매출액 7천만 원)	〈변동변수〉 • C기업 매출액 2천 5백만 원 • 농수산물센터 번영회 100명 • 선물용 신상품 구매 고객 100명 • 친절 사원 고객 추천 3건	• 선물용 신상품 구매 고객 100명 -신상품 물량 200벌 초도 물량 확보 -신상품 구매 시 1벌당 2인 식사 쿠폰 제공	100명 확보 (6천만 원)	5/30 5/1 5/1~30
	가족 선물 고객 400명 확보 (매출액 2억 원)		• 친절 사원 고객 추천 3건 -친절 사원 추천 가능한 SNS 개발 및 홍보(블로그, 페이스북, 트위터 대상)		5/30 5/1~30
선행 과정 목표 조감도	• C기업 매출액 5천만 원 • K기업 매출액 1천만 원 ··· • 악기상가 100명 • 귀금속상가 50명 ···	〈고정변수〉 • K기업 매출액 5백만 원 • 선물용 경량화 등산복 구매 고객 100명 • 본사 홈페이지 내 고객의 소리 불만족 0건	〈고정변수별 실행 방법〉 • K기업 매출액 5백만 원 -점퍼, 바지 각 30벌 물량 확보 -생산팀에 등산용 기념 타월 30장 제작 요청 • 선물용 경량화 등산복 구매 고객 100명 -더블 마일리지 적립 • 본사 홈페이지 내 고객의 소리 불만족 0건 -서비스 매뉴얼 숙지 후 고객 응대	5백만 원 100명 확보 (2천만 원)	5/30 5/1~14 5/1~14 5/30 5/1~30 5/30 5/1~30

하고 정확하게 상황을 판단해야 한다. 일을 나누는 것은 표면적으로 드러나는 '할 일'이 아닌 '목표'를 나누는 것이라는 사실을 명심해야 한다. 이번 달, 이번 주에 내가 달성해야 할 목표와 타깃을 선정한 다음 타깃을 공략하기 위한 맞춤형 실행 방법을 정하는 것이다. 자신이 맡은 일의 목표, 즉 일이 완성되었을 때의 성과물이 어떤 모습일지 정확히 알지 못하면 불가능한 일이다.

선행 과제 목표를 주기별로 세분화하면 세부적으로 추진해야 할 일의 분량과 기한이 정해진다. 이때 다른 일과의 연계성과 내가 다른 업무에 할애하는 시간들을 잘 계산해서 나누어야 실수를 하지 않는다. 최종적인 목표에 맞춰서 월간, 주간 단위 목표로 나누어 눈에 보이고 실행 가능한 작은 단위로 잘게 만들어 나가면 실행 방법 또한 맞춤형으로 설정할 수 있다.

처음부터 일을 나누기는 어려우니 우선 분기 단위를 월 단위로, 그것을 다시 주간 단위, 일일 단위 목표로 순차적으로 세분화하는 훈련을 해 나가자. 그것을 캐스케이딩한다고 한다. 일일 단위로도 목표를 나눌 수 있게 되면 시간을 배분하는 것도 문제없다. 최종적으로 나온 계획은 늘 메모하고 기록해 두어야 실행력으로 이어진다는 사실도 잊지 말자. 이처럼 맞춤형 실행 방법을 수립하게 되면 사고 방식을 미래 목표 중심으로 전환하게 되고, 더 나아가 주인의식을 가지고 창의적 · 혁신적 · 전략적 · 자기주도적으로 자신의 업무를 추진할 수 있다.

04

스케치 페이퍼를 위임받아라

스케치 페이퍼는 실행 권한 문서이다

강의를 진행하면서 "제가 드리는 말씀을 모두 이해하셨죠?"라고 질문하면 대부분 "네."라고 대답한다. 그런데 그들 중 누군가에게 이해한 내용을 설명해 보라고 요청하면 제대로 답하지 못하고 우물쭈물하는 경우가 많다. 일반적으로 조직에서도 상사가 실무자들에게 업무에 대해 설명하고 난 뒤 "내가 무슨 말을 하는지 알겠죠?"라고 이해 정도를 타진해 본 후에 실무자들에게 다시 이야기해 보라고 요청하면 명쾌하게 설명하는 경우가 그리 많지 않다. 즉 100을 들었다고 해서 100을 모두 알게 되는 것이 아니라는 말이다.

그렇기 때문에 우리는 상사가 무슨 말을 했는지, 어떤 업무를 지시했는지, 어떤 목표를 부여했는지 다시 한 번 검토해 볼 필요가 있다. 검토한 후에 자신이 상사의 이야기를 제대로 이해했는지 알기 위해 상사의 요구를 실행하기 위한 자신의 전략이나 방법을 상사에게 이야기하고 코칭을 받으면 효과적으로 도움을 받을 수 있다.

학생 시절에 그림을 그릴 때를 생각해 보자. 본격적으로 그림을 그리기 전에 밑그림을 그린다. 그런데 그 단계에서 가장 어려운 점은 무엇일까. 바로 구도를 잡는 일이다. 사물을 조화롭게 배치하여 도면을 구성하는 작업을 할 때 가장 오랜 시간이 소요된다. 구도만 잘 잡고 스케치하면 채색은 오히려 쉽게 끝낼 수도 있다.

이는 일을 할 때도 마찬가지이다. 그림을 완성하기 위해 스케치하는 것처럼 직장에서 일을 제대로 해내기 위해 일을 시킨 상사와 커뮤니케이션하는 문서를 '스케치 페이퍼(sketch paper)'라고 한다. '스케치 페이퍼'란 상사가 부여한 일의 결과물을 완성하거나 부여받은 성과 목표를 달성하기 위해 일을 실행하기 전에 자신이 어떤 전략과 방법으로 실행할 것인지를 대략적으로 작성하는 문서, 즉 일의 밑그림이다. 스케치 페이퍼는 부여받은 과제나 목표를 얼마나 이해했는지 자신의 언어로 작성해 보고 상사에게 확인해 봄으로써 성과 목표와 전략에 대한 공감대를 다지는 실행 전략의 프리뷰(preview) 도구라고 할 수 있다.

상사가 실무자에게 성과 목표를 이야기했으면 알아들어야 하고, 실무자가 알아들었으면 자신의 언어로 설명할 수 있어야 하는데 안타깝게도 우리의 현실은 그렇지 못하다. 그래서 반드시 활용되어야 하는 것이 바로 '스케치 페이퍼'이다.

상하 간에 소통이 제대로 되지 않는 가장 큰 문제점 중에 하나는 상사가 겉으로 말하는 것과 속으로 원하는 것의 차이를 일을 요청받는 실무자가 명확하게 알아차리지 못하는 것이다. 상사와 같은 단어를 사용하여 커뮤니케이션할지라도 서로 생각하는 의미가 달라 소통이 제대로 이루어지지 않는 경우가 많다.

커뮤니케이션을 할 때 서로가 어떤 의미로 이야기하고 있는지 구체적으로 확인해 볼 필요가 있다. 그런 측면에서 스케치 페이퍼는 일을 하기 전에 상사의 니즈와 원츠를 구체적으로 파악할 수 있는 최적의 소통 도구라 할 수 있다.

일을 시킨 상사와 실행해야 하는 실무자인 자신의 생각이 항상 같지 않은 이유는 니즈와 원츠의 차이 때문이다. 따라서 일을 시킨 상사의 니즈와 원츠를 구분하여 파악하는 것이 매우 중요하다. '니즈'란 외부로 드러나서 상대방이 인식하기 쉬운 요구 사항을 의미하고 '원츠'란 내부에 숨겨진 특정화된 욕구를 의미한다.

예를 들어 점심 식사를 한 후에 상사가 "커피 한잔하지."라고 말했다면 이때 니즈는 함께 커피를 마시며 입가심하자는 뜻이고, 원츠는 현재 프로젝트가 어디까지 진행되었는지 대화를 나누자는 뜻이 될 수 있다. 그렇기 때문에 상사에게 업무 지시를 받았을 때 그 일을 요청한 상사의 니즈와 원츠가 무엇인지 구분하는 것은 매우 중요하다.

현재 많은 조직에서 일어나는 상하 간의 소통 문제는 소통하기 위한 구체적이고 디테일한 프로세스가 제대로 작동하지 않아 발생하는 경우가 많다. 어떻게 소통해야 서로의 생각을 명확하게 이해할 수 있는지 알지 못하는 상태에서 스케치 페이퍼는 일과 관련하여 상하 간에 의견을 주고

받을 때 서로에게 매우 유용하다.

스케치 페이퍼는 상사가 요구하는 일의 목표를 달성하기 위해 일을 본격적으로 시작하기 전에 자신이 어떤 전략과 방법을 가지고 실행할 것인지 대략적으로 작성하는 문서, 즉 일의 밑그림이기 때문에 상사의 생각과 나의 생각을 사전에 조율하기 위한 하나의 매개체 역할을 해 준다.

이러한 스케치 페이퍼를 활용함으로써 얻게 되는 효과는 무엇일까?

첫째, 스케치 페이퍼를 먼저 작성한 뒤에 일을 하면 대략적인 일의 결과물과 실행 방법에 대한 확신을 가질 수 있어 사전에 불안감이나 걱정을 덜 수 있는 효과가 있다.

둘째, 실행 절차와 방법을 상사가 시키는 대로 하는 것이 아니라, 스스로 실행 계획을 수립함으로써 실행 방법에 대한 의사결정 권한을 상사로부터 위임받았다고 느끼며 일에 대한 자율성을 부여받을 수 있다. 이러한 자율성은 일에 휘둘리지 않고 일을 주도적으로 실행할 수 있는 원동력이 되어 준다.

셋째, 상사로부터 업무 지시를 받았을 때 가장 중요하게 생각해야 할 것이 무엇인지 분명하게 알 수 있다. 상사가 업무 수행을 통해 자신에게 원하는 결과물이 무엇인지 그림을 스케치하듯이 입체적으로 형상화해 놓은 것이 스케치 페이퍼이기 때문이다. 그래서 그 모습을 실현하기 위해 어떠한 전략과 방법을 선택하고 집중해야 할 것인지 알 수 있다.

넷째, 목표 수준과 실행 전략의 갭(Gap)을 파악하여 실행하기 이전에 좁힐 수 있는 대안이나 방법을 마련할 수 있다. 갭을 줄이려면 현장을 이

해해야 한다. 따라서 상사로부터 코칭을 받을 때 목표하고자 하는 수준을 달성하기 위해서는 현실적으로 그리고 현장을 중심으로 무엇을, 어떻게 해야 하는가에 대한 코칭을 받을 수 있다.

다섯째, 스케치 페이퍼는 일을 하기 전에 상사로부터 피드포워드, 즉 전략 코칭을 받을 수 있는 최적의 툴이다. 상사가 일을 지시할 때 그 일의 결과물과 대략적인 실행 계획을 잡아 스케치 페이퍼로 소통하면 상사가 놓친 부분을 보완할 수 있는 등 다각적인 관점에서 실행 전략을 공유할 수 있어 일의 성공률이 높아질 것이다.

이와 같은 이유로 스케치 페이퍼는 일하는 방식을 혁신하는 데 중요한 도구가 된다. 일의 결과물에 대해 확신을 갖지 못할 때 스케치 페이퍼로 그려 보면 자신이 이해하지 못했던 부분이 무엇인지 어느 정도 가늠할 수 있고 상사와 원활하게 소통할 수 있다.

이제부터 어떻게 해야 스케치 페이퍼를 효율적으로 사용할 수 있을지 방법을 알아보도록 하겠다.

첫째, 상사의 니즈와 원츠를 구분하여 파악한다

우리는 앞서 일을 시킨 상사와 그 일을 실행할 실무자의 생각이 항상 같지는 않다는 사실을 살펴보았고, 그 이유가 니즈와 원츠의 차이 때문이라는 것을 확인했다. 그렇기 때문에 업무 지시를 받았을 때 가장 중요하게 생각해야 할 것이 바로 상사의 니즈와 원츠가 무엇인지를 구분해 내는 일이다. 상사가 직접적으로 표현하여 겉으로 드러난 요구 사항이 '니즈'

이고, 니즈 내부에 숨겨진 욕구가 '원츠'이다. 그 차이를 이해하고 상사의 니즈와 원츠를 찾아야 한다.

둘째, 실행 방법을 스케치하여 교감한다

상사가 진정으로 원하는 목적물인 원츠를 파악하고 난 뒤에는 그 원츠를 달성하기 위한 구체적인 방법을 고민해야 한다. 상사의 의도를 충족시켜 주기 위해 가장 핵심적으로 공략해야 할 타깃과 공략 방법을 찾아야 한다.

실행 방법이 얼마나 구체적으로 스케치되었는가, 그 실행 방법이 상사의 관점이나 경험에서 봤을 때 상사가 원하는 성과를 내는 데 얼마나 타당한 방법으로 공감하고 있는가에 따라 달성 여부가 판가름 난다. 실무자가 생각하는 방법이 상사가 보기에도 그렇게 실행하면 될 것 같다는 확신이 들어야 상사가 실무자에게 실행 과정에 대한 의사결정권을 믿고 위임해 줄 수 있다.

셋째, 제안형 3단계 커뮤니케이션을 한다

일을 시작하는 단계에서 스케치 페이퍼를 활용하여 상사와 의사소통하는 것이 가장 중요하지만 그것으로 모든 것이 끝난 것이 아니다. 일단 상사로부터 일의 진행에 대한 실행 권한을 위임받았다고 하더라도 상사는 실무자가 일을 제대로 진행하고 있는지 몹시 궁금할 것이다. 따라서 실무자는 상사가 먼저 물어보기 전에 일의 진척 상황을 미리 단계별로 보고하는 것이 좋다. 그러면 상사도 궁금증이 사라질 것이고 실무자도 상사가 동의하는 실행 프로세스를 밟고 있다는 것을 확신할 수 있기 때문에 자신감을 가지고 더욱 추진력 있게 일을 해 나갈 수 있다.

이렇게 상대로부터 요구 사항을 요청받기 전에 미리 알아서 커뮤니케이션하는 것을 '제안형 커뮤니케이션'이라고 한다. 제안형 커뮤니케이션은 3단계로 구분할 수 있다. 1단계는 상사가 지시한 업무를 수행함으로써 만들어 내야 할 결과물에 대한 이미지를 명확하게 확인하는 것이다. 성과 목표를 달성하기 위해 어떻게 결과물을 만들어 낼 것이고, 그 결과물을 만들어 내기 위해 어떤 전략과 방법으로 실행할 것인지에 대한 것을 사전에 구체화하는 것이다.

2단계는 상사가 "일이 어떻게 진행되고 있지?" 하고 묻기 전에 진행 상황을 설명하고 향후 계획을 미리 제시하는 것이다. 일반적으로 대략 일이 50% 정도 진행되었을 때 자발적으로 진행 상황을 공유하는 것이 좋다. 만약 상사가 부재중이면 이메일이나 문자메시지를 활용하여 보고를 하는 것도 하나의 방법이다.

3단계는 일이 90% 정도 진행되고, 최종적인 마무리를 하기 전에 다시 한 번 더 상사에게 진행된 결과물의 상태를 공유하고 추가적으로 수정해야 할 의견을 구하고 반영하는 것이다. 이 단계를 거치면 상사 중심으로 일이 진행되기 때문에 일을 지시한 상사가 마지막 결과물만 보고 의견을 개진할 때보다 시간적으로나 감정적으로나 만족도가 높다.

도표 5 | 스포츠 의류 매장 영업팀 이 대리의 '스케치 페이퍼' 사례

해야 할 일-점장의 니즈	목적지표-점장의 원츠	목표 수준-점장의 원츠
매출이 저조한 고객층 개선	남성 고객 의류 매출액	10억 원

조감도	조감도 구성 요소별 실행 계획	납기일 & 지원 사항
• 유행에 민감한 20대 남성에 맞춘 슬림핏 디자인 강화 의류 매출액 3억 원	• 20대 남성 - 20대 여성 의류와 함께 구매 시 커플 할인 20% 제공 - 신제품 구매 시 더블 마일리지 적립	3/1 ~ 5/30 (마케팅팀과 협의)
• 30대 직장인 출퇴근용 아우터 의류 매출액 1억 원 • 출퇴근 전후에 운동하는 30대 직장인을 대상으로 기능성을 강화한 트레이닝복 매출액 2억 원	• 30대 남성 - 트레이닝복 구매 시 인근 휘트니스 클럽 10% 할인권 제공(인근 휘트니스 클럽 3곳과 연계 판촉 실시)	~2/28 (휘트니스 클럽과 협의)
• 가벼운 복장을 선호하는 40~50대 대상으로 경량화 등산복 매출액 4억 원	• 40~50대 남성 - 신상품 구매 시 1벌당 2인 식사 쿠폰 제공 - 가정의 달인 5월과 연말인 12월을 공략하여 각 2억 원씩 매출액 달성	~12/31 (마케팅팀과 협의)

이 대리도 상사와의 소통이 원활하지 않았던 사람 중에 하나였다. 이 대리는 신입사원 시절에 상사의 니즈와 원츠를 파악할 줄 몰라 곤혹을 겪은 적이 한두 번이 아니었다. 하지만 스케치 페이퍼 기법을 알고 난 후에 상사의 니즈와 원츠를 구분해 내는 것은 물론, 상사와의 소통이 매우 원활해졌다.

평소에 이 대리는 점장과 소통을 할 때 스케치 페이퍼를 적극 활용한다. 스케치 페이퍼가 있으면 자신의 의견을 사전에 명확히 전달할 수 있을 뿐 아니라 점장이 어떤 생각으로 일을 지시하는지 쉽게 이해가 되기 때문이다.

점장은 영업이익률 2%를 개선하기 위해 구성원별로 과제를 부여했다. 이 대리는 '매출이 저조한 고객층 개선'이라는 과제를 받았다. 이 대리의 매장은 특히 남성 고객 의류 제품의 매출액이 저조한 편이어서 남성 고객을 타깃으로 연령대별로 구성 요소별 실행 계획을 스케치 페이퍼로 작성하여 점장과 논의했다.

겉으로 드러난 팀장의 니즈는 '매출이 저조한 고객층 개선'이었으나, 진정으로 원하는 것은 '남성 고객 의류 매출액'을 개선하는 것이었다. 이 대리는 이 점을 제대로 파악하여 스케치 페이퍼를 작성했다. 그러나 조감도 구성 요소별 실행 계획 중에 개선이 필요한 부분이 있었다.

이 대리는 40~50대 남성 고객은 쇼핑을 즐겨 하지 않는다고 생각해 40~50대 남성 고객에게 선물을 하려는 가족 고객을 타깃으로 잡았다. 그래서 5월과 12월에 각 2억 원씩 매출액을 달성하려고 했지만 점장의 생각은 달랐다. 팀장은 매출을 증대시키려면 단골 고객 확보가 중요하기 때문에 특정 시기에만 몰입하기보다 꾸준히 고객 유치에 힘써야 한다고 조언해 주었다.

또한 경량화 등산복은 인근 기업들이 전 직원을 대상으로 워크숍이나 조직 강화 활동을 할 때 단체복으로 선호하는 경향이 있어 이를 고려한 실행 계획이 필요할 것으로 예상되었다. 따라서 이 대리는 40~50대에게 경량화 등산복을 판매하기 위해 인근 중소기업 규모 이상 기업의 팀장급 리더십 교육을 할 때 필요한 단체복과 시장 상인들이 상가번영회 활동 때 입을 단체복을 고려하기로 했다.

이 대리가 스케치 페이퍼를 활용하여 상사와의 이견을 좁혀 나간 것과 달리 일을 하면서 상사와 제대로 소통하지 못해 일이 어긋난 경험을 해 본 사람이 많을 것이다.

상사와 소통이 잘 되지 않는 사람들의 특징은 크게 세 가지이다.

- 안일함
- 게으름
- 두려움

첫째는 안일함이다. '설마 별일이야 있겠어.' 하는 안일함을 가지면 작은 문제가 큰 문제로 발전하는 경우가 많다. 둘째는 게으름이다. 실천으로 옮기는 일을 차일피일 미루다가 문제를 자꾸 키우는 것이다. 셋째는 두려움이다. 작은 실수를 했는데 보고를 하면 혼날 게 뻔하고 두려워서 보고를 미루다 보면 문제는 갈수록 커지게 된다.

상사와의 소통에서의 핵심은 먼저 찾아가는 '제안형 커뮤니케이션'을 생활화하라는 것이다. 지시받은 사항을 '보고'한다는 인상을 주는 것이 아니라 선제적으로 미리 의사소통하면 상사의 걱정과 재촉에서 벗어날 수 있다.

실행의 목적을 분명하게 하고, 목적에 따라 그 일을 어떻게 실행할 것인가에 대해 사전에 스케치 페이퍼를 작성하여 일을 시킨 상사와 논의를 하고 실행하면 고객인 상사가 원하는 결과물인 성과는 반드시 창출되게 되어 있다. 스케치 페이퍼의 활용은 MOU(Memorandum Of

Understanding, 양해각서)를 체결하는 것과 같다. 상대가 원하는 결과물과 그것을 위해 실행을 어떻게 할 것인지를 미리 상호 교환하는 것이다. 상사와 지속적으로 스케치 페이퍼를 활용하여 커뮤니케이션을 하면 목표와 전략의 공감대가 사전에 더욱 명확하게 형성되어 상사가 만족하는 결과물을 만들어 낼 수 있을 것이다.

또한 스케치 페이퍼를 작성함으로써 상사가 요구하는 일을 이루어 내기 위해 자발적이고 창의적인 전략을 수립하는 트레이닝을 자연스럽게 하게 될 것이다. 스케치 페이퍼로 전략과 실행 방법에 대해 상호 공감대를 이루면 이러한 신뢰를 바탕으로 한 권한위임을 실현할 수 있게 된다. 그리고 상사는 실무자의 구체적인 실행 역량을 가늠해 볼 수 있고 부족한 역량을 코칭할 수 있게 된다. 당연히 일의 결과물에 대한 성과 측정이 용이해지고 분석을 통한 피드백이 구체적으로 이루어질 수 있다.

05 통제 가능한 플랜 B를 준비하라

플랜 B는 안심보험이다

우리는 어떠한 성과 목표를 달성하기 위해 전략과 계획을 수립하여 실행에 옮기지만, 정작 실행을 하다 보면 통제할 수 없는 환경적 요인 때문에 목표 달성에 어려움을 겪는 상황이 종종 발생한다. 그리고 나면 대부분의 사람은 '행정 당국의 의사결정 때문에 어쩔 수 없었어.', '환율 때문에 우리가 할 수 있는 게 없었어.', '이런 상황에서는 어느 누구도 성과를 낼 수 없었을 거야.' 등 성과를 내지 못한 이유를 환경 탓으로 돌린다.

하지만 이는 너무나 직관적이고 주관적인 생각이다. 환경을 통제할 수 없다고 해서 나 몰라라 하고 가만히 내버려 두기만 한다면 치열하게 경쟁이 일어나는 시장에서 살아남을 수 있을까?

굴지의 대기업이라 꼽히는 기업들을 가만히 살펴보면 기본적으로 성과 목표를 설정할 때 이미 예측 가능한 환경을 치밀하게 분석하여 반영하지만, 미처 고려하지 못한 부분에 대해서는 성과 목표 달성을 위한 전략을 수립할 때 성과 목표 달성에 영향을 미칠 수 있는 통제 불가능한 환경적 요인을 감안하여 사전에 플랜 B를 수립해 놓는다.

이러한 경영 기법을 보통 '시나리오 경영'이라고 한다. 통제 불가능한 외부 환경일지라도 그러한 환경이 닥쳤을 때 대안을 마련해 두지 않는다면 목표 달성에 중대한 차질이 생기기 때문에 항상 두세 가지의 시나리오를 미리 준비해 둔다.

그만큼 플랜 B의 역할이 매우 중요하다. 목표 달성을 위한 전략을 수립할 때에는 목표 달성에 영향을 미칠 수 있는 과거의 경험과 환경을 감안하여 목표와 전략을 수립하겠지만, 만약의 경우를 대비하여 항상 플랜 B까지 마련해 놓아야 당신의 상사를 만족시킬 수 있고, 어떠한 상황에서도 목표를 달성해 낼 것이라는 신뢰를 얻을 수 있다.

예전에 성과 코칭을 진행했던 기업들 중에서 OEM(주문자상품부착생산) 방식으로 제품을 생산하는 기업에서 경영회의를 할 때 일어났던 일화이다. 10월 첫째 주에 CEO 주관으로 4/4분기 경영회의가 진행되었다. 이 회의는 1/4분기부터 3/4분기까지의 성과와 성과 미달성 부분에 대한 원인을 분석한 후에 4/4분기의 목표와 달성 전략을 공유하는 자리였다. 매출액과 영업 이익이 점점 감소 추세인 이 기업은 4/4분기에 연초에 설정했던 목표를 달성하지 않으면 아주 심각한 경영상의 위기에 직면할 수도 있었다. 따라서 모든 구성원은 전략을 매우 구체적으로 세워 실행으로 옮겨 반드시 성과 목표를 차질없이 달성해야만 했다. 기획팀에서 회사 전체적인 경영계수와 상황을 발표하고 나자, 영업팀장은 다음과 같이 그동안의 성과와 4/4분기의 성과 목표, 달성에 대한 내용을 발표했다.

"1월부터 9월까지 목표 대비 성과가 매월 85~90% 수준으로 나오고 있습니다. 이러한 원인을 고객사별로 살펴보니 목표 대비 성과가 가장 저조한 곳은 M사와 G사였습니다. M사와 G사가 위탁하기로 했던 기존 생산량을 감소시켜 연초에 계획한 월별 생산 계획 대비 70%만 생산을 할 수밖에 없었습니다. 따라서 4/4분기에는 매주 적어도 1회 이상 M사와 G사의 구매 담당자를 비롯한 생산 담당자와의 돈독한 관계를 통해 정보를 파악하고, 그 정보가 회사에 반영될 수 있도록 지속적인 활동을 해 나가겠습니다."

이러한 보고를 들은 CEO는 이렇게 말하며 크게 화를 냈다.

"김 팀장, M사와 G사가 위탁하기로 한 양이 줄어든 것은 어쩔 수 없는 외부 환경이라 이해는 하네. 그런데 사전에 고객사의 주문 양이 줄어들 것이라고 예측하지 못했는가? 그리고 우리가 종사하는 산업 자체가 OEM 방식이라고는 하지만, 고객이 주는 것만 받아먹어야 하는가? 그런 게 우리가 종사하는 산업이라면 영업팀이 존재해야 하는 이유가 뭔지 모르겠네."

사실 CEO가 듣고 싶은 말은 외부 환경에 대해 우리 회사가 대응할 수 있는 최선책이 무엇인지, 플랜 B를 마련해 놓고 있는지의 여부였을 것이다. 주요 고객사의 매출 감소는 회사의 영업 이익에 직접적인 영향을 미치기 때문에 영업팀에서는 현실적으로 힘들어도 가급적이면 다른 경쟁사가 납품하고 있는 양을 주문 받을 수 있는 영업 활동들을 고민하고, 생산팀에서 원가 절감을 하는 데 기여할 수 있는 일이 무엇인지 대안을 마련해 놓는 등 통제할 수 없는 외부 환경을 극복할 전략, 즉 플랜 B를 듣고 싶어 했던 것이다.

일반적으로 대다수의 조직이나 사람은 목표를 달성하지 못한 원인을 주로 외부 환경이나 실행 역량에서 찾는다. 특히 이러한 OEM 방식의 산업은 더욱더 그렇다. 그들의 머릿속에는 '고객이 물량을 주지 않는데 우리보고 어쩌란 말이야?', '최고경영층이 직접 필드에서 뛰어 보라고 그래, 우리가 원하는 입맛대로 수주를 받을 수 있는지.' 등과 같이 외부 환경에 대한 변하지 않는 고정관념으로 꽉 차 있다.

물론, 그러한 마음은 이해한다. 실제로 OEM 방식의 산업에 종사하는 기업을 코칭하거나 강의를 하다 보면, 이러한 하소연을 하는 상사와 실무자들을 어렵지 않게 볼 수 있다. 하지만 이렇게 통제할 수 없다고 해서 무작정 가만히 두고 보고만 있을 수는 없다. 고객사의 처분만 바라보고 있으면 목표 달성에 아무런 도움이 되지 않는다. 무엇인가를 해야만 한다. 바로 그 무엇인가가 플랜 B이다.

돌발적인 상황이나 위기는 예고하고 찾아오지 않는다는 것을 누구나 잘 알고 있다. 언제 어떤 형태로 우리에게 다가올지 모르는 일이다. 따라서 유사시를 대비하여 예정된 전략대로 실행이 잘 되지 않고 틀어지더라도 성과 목표를 달성할 수 있도록 비상 계획인 플랜 B를 사전에 준비해야 한다.

위의 사례에서 CEO가 듣고 싶어 했던 내용처럼 사전에 매출액에 영향을 미치는 주요 고객사의 정보를 구체적으로 확보하여 주문량이 감소되었던 원인과 이에 대한 대응책을 마련했어야 했다. 또한 추가적인 주문량 확보가 어려울 것을 대비하여 자체적으로 할 수 있는 일이 무엇인지 고민해 볼 수도 있었다.

예를 들어 생산팀에게 생산 원가 절감을 위해 간접비를 절감해 달라는 요청을 하여 매출 감소에 따른 영업 이익이 감소되지 않도록 하거나 주요 고객사의 매출 감소를 만회하기 위해 타 고객사를 미리 선정해 두고 접근을 시도하는 활동을 해 볼 수도 있을 것이다.

이처럼 갑작스럽게 발생된 외부 환경에 끌려가지 않기 위해 사전에 이를 예측하여 준비할 수 있는 전략, 즉 플랜 B가 마련되어 있어야 했다. 플랜 B가 제대로 수립되어 있지 못하면 문제가 발생한 그 다음부터 전혀 대응이 되지 않아 한해 농사를 망칠 수도 있다.

따라서 우리는 성과 목표를 달성하기 위한 전략들을 총체적으로 리뷰해 보고, 타깃별 실행 과제를 120% 이상 준비해 놓는 것은 물론, 그 모든 전략 실행이 잘 되지 않았을 경우를 대비한 플랜 B까지 성과 목표 달성 전략에 포함시켜 두어야만 한다. 그래야 위기 상황을 극복하고 자신이 원하는 성과를 얻을 수 있다.

이 대리도 처음에는 플랜 B까지 고려하지 않았다. 그러나 작년에 동기인 박 대리가 사전에 플랜 B를 세워 놓은 덕분에 큰 위기를 모면한 것을 본 후부터는 플랜 B를 세우는 것을 습관화했다.

이 대리가 40~50대 경량화 등산복 매출액 4억 원을 달성하기 위해 세워 둔 선행 과정 목표 중에서 인근 기업 고객 4곳을 확보하는 것과 상가번영회 신규 고객 300명을 확보하는 것은 사실 환경에 대한 영향을 많이 받는 목표이다.

기업들이 단체복이 필요하지 않은 교육이나 워크숍을 실시하거나 상가번영회 또한 야외 활동을 실시하지 않으면 고객들을 확보할 수 없게 된다. 올해 안에 경량화 등산복 이월상품을 저렴한 가격으로 판매하고 신제품을 최대한 많이 팔아야 최종 목표인 4억 원 달성은 물론, 이 대리의 매장이 스타 매장으로 선정될 수 있다.

따라서 이 대리는 상가번영회의 행사가 취소될 것을 대비하여 농수산물센터 상가번영회의 경우, 냉동 시설에서 일하고 있는 점을 감안하여 단체복이 아닌 편한 작업복으로 입을 수 있도록 바지 이월상품을 중심으로 판매 계획을 세워 보았다. 또한 기업 고객의 경우, 신제품은 직원들의 생일 선물이나 명절 선물로 줄 수 있는 프로모션을 기획하고, 이월상품은 직원들이 야외에서 자재를 옮기는 업무가 많은 유통기업인 K기업을 대상으로 작업복 제작을 기획했다.

도표 6 | **스포츠 의류 매장 영업팀 이 대리의 '플랜 B' 사례**

선행 과정 목표	선행 과정 목표 조감도	플랜 B
인근 기업 고객 4곳 확보 (매출액 1억 3천만 원)	• C기업 조직 강화 활동 단체복 5천만 원 • K기업 신입사원 단체복 1천만 원 • H증권 팀장 리더십 교육 단체복 4천만 원 • S은행 팀장 리더십 교육 단체복 3천만 원	• 인근 기업들의 직원 선물용으로 신제품 경량화 등산복 판매 계약 5건 • K기업 야외 작업복 제작 계약 1건
중부 지역 상가번영회 신규 고객 300명 확보 (매출액 7천만 원)	• 악기 상가번영회 100명 • 귀금속 상가번영회 50명 • 전자 상가번영회 50명 • 농수산물센터 번영회 100명	• 수산물센터 상인 작업복 바지 200벌 • 농산물센터 상인 작업복 재킷 100벌

이렇게 플랜 B를 사전에 고려해 두면, 통제할 수 없는 환경적 요인 때문에 목표 달성에 차질이 생기거나 애초 계획한 전략들이 지지부진할 때 플랜 B를 바로 적용하면 새로운 전략 수립에 대한 시간도 절약할 수 있고 환경 변화에 빠르게 대응할 수 있다.

미리 준비된 플랜 B를 가동하여 문제를 해결하고 맡은 바 임무를 완수해 내는 인재가 많은 기업은 생존과 더불어 지속 성장을 이루어 낼 수 있을 것이다. 전략을 세울 때 플랜 B도 함께 세우는 습관이 있는 사람은 어떠한 상황에서도 성과 목표를 달성해 낼 수 있을 정도로 주변의 모든 상황과 다양한 전략을 손에 쥐고 있다는 것을 의미하기 때문이다.

연간 차원이나 중·장기적인 차원의 프로젝트를 포함한 성과 목표 달성 전략을 준비하는 과정에서 핵심적으로 공략해야 할 타깃과 세부 실천 계획을 더욱 여유 있게 설정해 두어야 목표 달성에 차질이 없을 것이다.

또한 사전에 플랜 B를 수립하여 통제 불가능한 외부 환경을 통제 가능한 상태로 만드는 사람이야말로 일을 제대로 실행하는 사람이라고 할 수 있을 것이다.

처방 03

품질을 논하라

01

데이터로
GAP을 분석하라

분석은 인과관계를 찾는 것이다

　　　　　　　　　　자신이 소속되어 있는 직장의 평가 제도가 만족스럽다고 말하는 직장인은 상당히 드물다. 직장에서 어떠한 평가 제도를 제시해도 직장인들의 불만과 불평은 끊이지 않는다. 평가 제도만큼 직장인들의 화두에 자주 오르는 것도 드물 것이다. 어떤 기준으로 평가한다 해도 평가 대상자들은 만족하지 못하고, 자신이 실력에 비해 과소평가되었다고 생각하는 경향이 강하다.

　우리는 자신이 한 일의 성과나 역량에 대해 얼마나 객관적으로 인지하고 있을까? 실제로 여러 기업과 기관에서 성과 코칭이나 강의를 진행하면서 살펴본 결과, 자기 평가를 할 때 대부분 자신에게 후한 점수를 주는 것을 알 수 있었다. 특히 입사한 지 1~3년 정도밖에 되지 않은 주니어 직장인들일수록 자신의 성과와 역량에 대해 더욱 후한 점수를 부여했다. 그들의 자기 평가서만 보면 그들은 조직에 없어서는 안 될 핵심 인재처럼 보인다. 하지만 실제로 자기 평가와 상사로부터 받는 평가의 결과는 편차가 크다. 평가 대상자들은 편차가 클수록 상사와 조직에 실망감을 느끼고, 제대로 인정받지 못한다는 상실감에 조직을 떠나기도 한다.

동일한 일에 대한 결과를 내리는데, 왜 본인이 평가했을 때와 상사가 평가했을 때의 결과가 다른 것일까? 가장 중요한 이유는 서로의 판단 기준이 다르기 때문이다. 평가 대상자 본인은 자신의 입장에서 얼마만큼 열심히 노력했는가를 기준으로 판단하기 때문에 점수가 높을 수밖에 없다. 그 일을 통해 상사가 기대하는 결과물을 이루어 냈는지보다는 얼마나 쉬지 않고 불철주야 열심히 최선을 다해 노력했는지, 일과 관련된 정보를 수집하기 위해 얼마나 힘들었는지 등 일을 추진함에 있어 얼마만큼 최선을 다했는가에 대한 일의 양과 투입된 시간 등으로 자신을 평가한다.

이는 비단 주니어 직장인뿐만이 아니다. 평가받는 입장에 있는 모든 직장인에게 해당한다. 자신이 만들어 낸 결과물에 대한 객관적인 평가보다는 자신이 투입한 노력의 양을 기준으로 하여 평가하기 때문에 대부분의 직장인은 자기 평가서를 작성할 때 자신이 애초에 부여받은 목표 대비 평가보다 일을 추진하는 과정에 대한 평가에 치중하는 경향이 많다.

그래서 아무리 상사가 객관적으로 자신을 평가했다 하더라도 결과를 쉽게 인정하기 어려운 것이다. 상사는 일의 결과물로 평가를 했고, 자신은 노력에 대한 평가를 했기 때문이다. 그래서 다들 결과도 중요하지만 과정이 제대로 평가받지 못했다고 서운해하는 것이다.

평가 결과에 대한 서로의 의견 차이로 누군가는 상처를 입고 실망하는 일이 생김에도 불구하고, 우리는 왜 평가를 해야만 하는 것일까? 우리가 일을 통해 평가받아야 하는 가장 중요한 것은 바로 몸값에 맞는 밥값을 제대로 하고 있느냐의 여부일 것이다. 밥값을 제대로 하고 있는지에 대한 근거는 매년마다, 매월마다, 매 프로젝트마다 일을 통해 상사가 기대하는 결과물을 제대로 만들어 내고 있느냐이다. 사전에 상사가 요구하는 역할 수행을 통해 상사가 기대하는 숨겨진 욕구를 목표화하여 제대로 책임을 다했는지 평가를 하는 것이 핵심이다.

평가는 많은 사람이 말하는 대로 '일 따로, 평가 따로'라고 하는 비아냥이 섞인 형식적 문서 작업이 아니다. 물론 많은 조직과 상사들이 평가의 중요성과 당위성을 제대로 인지하지 못해 평가 프로세스를 제대로 작동시키지 못하고 있는 것이 사실이지만, 평가는 일하는 프로세스에서 아주 중요한 역할을 차지하고 있다.

평가의 중요한 목적 중의 하나는 달성한 성과를 자신이 부여받은 목표와 비교하여 분석해 봄으로써 자신의 역량 수준을 명확하게 인지하고 향후 보완해야 할 역량을 개발하는 계기를 만드는 데 있다. 즉 평가는 다음에 성과 창출을 제대로 하기 위해 자신이 보완해야 할 구체적인 내용을 알려 주는 가이드라인 역할을 한다.

그렇기 때문에 평가에 대해 무조건적인 거부감이나 불신을 갖고 형식적인 절차라고 생각하고 넘어가려고 해서는 안 된다. 우리는 고객인 조직과 상사가 자신의 역량과 자신이 한 일의 성과에 대해 정확하고 냉정하게 평가해 줘야 스스로의 가치와 역량 수준을 객관적으로 알 수 있다. 본인이 생각하고 있는 '자신'과 상사가 바라보는 '자신'이 어떻게 해야 상호 공감할 수 있는 동일한 평가를 내릴 수 있는지, 무엇부터 이해하면 되는지 알아보도록 하자.

우선 제대로 된 평가의 첫걸음은 상사가 원한 성과와 자신이 실제로 이루어 낸 결과물의 상태를 정확하게 파악하여 달성도를 가늠해 보는 것에서부터 출발한다. 이를 일반적으로 '분석' 단계라고 한다. 최종 성과를 '분석'하기 위해서는 객관적 데이터를 근거로 자신이 하기로 한 성과 목표와 실제로 달성한 성과를 구체적으로 따져 보는 것이 중요하다. 여기서 객관적 데이터란 성과 목표 조감도의 구성 요소에 대한 자료와 자신이 월별로 수립했던 전략 수립 내용과 전월 성과 분석 등의 내용을 가리킨다.

일반적으로 일이 완료된 이후에 결과에 대해서만 목표 대비 실적을 따져 보고 실적으로 내기 위해 얼마나 열심히 일했는지를 정리해 보고 잘했다, 잘못했다 정도로 분석을 마무리하는 경우가 많다. 구체적으로 성과를 달성하는 과정에 대한 분석이나 성과가 부진했던 원인, 초과된 근본적인 선행 요인에 대한 분석은 미비한 실정이다.

아직까지도 많은 사람이 객관적인 근거 자료 없이 대략적인 직관이나 주관적인 판단으로 성과를 평가하는 경우가 많다. 그것은 평소에 상사가 평가 대상자들이 하고 있는 일을 누구보다 가까이에서 지켜봐 왔다고 생각하여 평가 대상자들이 얼마나 일을 잘하는지는 자신이 가장 잘 알고 있다고 여기기 때문이다. 그리고 객관적인 데이터가 없거나, 데이터가 있다 하더라도 데이터를 바탕으로 객관적으로 평가하는 것이 번거롭거나 익숙하지 않기 때문이기도 하다.

목표 대비 성과를 분석하고자 하는 목적은 자신의 성과 목표 달성 정도를 확인하고 성과 달성에 결정적인 영향을 미친 전략적 요인이 무엇이었는지를 분석함으로써 다음 성과 목표를 설정하고 전략을 수립할 때 출발 지점을 결정하려고 하는 것이다. 즉 성과 부진이나 탁월한 성과 창출의 원인이 향후 성과에도 지속적인 영향을 미치는지, 지난 성과에만 일회적으로 영향을 미쳤는지를 판단함으로써 차기에 성과 목표를 설정하거나 전략을 수립할 때에 반영하기 위한 것이다.

그렇다면, 실제로 목표 대비 성과 분석 과정을 실무에 적용해 보려면 어떻게 해야 할까?

첫째, 최종 성과 목표의 조감도에서 구성 요소에 대한 목표 대비 성과를 비교한다

앞서 처방 1 '상품을 그려라'에서 자신이 우선적으로 '해야 할 일'을 파악하고, '일의 목적지'를 정함으로써 달성하고자 하는 결과물의 '조감도'를 그렸다. 그중에서도 우리가 주목해야 할 점은 바로 '조감도'이다.

조감도에는 많은 정보가 담겨 있다. 우리는 '조감도' 단계에서 1년이나 중·장기 프로젝트를 최종적으로 완성했을 때 기대하는 모습이 어떤 상태의 이미지인가를 구체적으로 그려 보았다.

자신이 달성하고자 하는 최종 성과 목표를 구성하는 요소를 찾아서 어떤 부분을 집중적으로 공략해야 전체 목표가 달성 가능할 것인가를 미리 시뮬레이션해 보았고, 그 조감도를 바탕으로 전략을 수립했으며, 정해진 기간 동안 환경 변화를 반영하여 유연하게 실행 전략(Rolling Plan : 연동 계획)을 수립하여 실행해 온 것이다.

이제는 그 '조감도'를 바탕으로 수립한 전략이 기획한 대로 제대로 실행되었는가를 비교·분석해야 할 때이다. 최종 성과 목표의 조감도는 처방 1의 '상품을 그려라'에서 완성한 도표를 기준으로 하면 된다. 목표 대비 성과를 분석할 때는 목표로 한 수치와 달성한 성과의 차이가 어느 정도인가를 전체적으로 보면서 차이를 비교한다.

둘째, 구성 요소별로 갭이 발생한 원인을 찾는다

전체적인 크기에 대한 목표 대비 성과를 비교하고 나면 이제 구체적으로 조감도를 그렸을 당시에 설정했던 세부 구성 요소들이 목표 달성에 인과적으로 어떻게 영향을 미쳤는지 따져 봐야 한다. 조감도를 구성하는 요소별로 각각의 목표 대비 성과를 비교하고 나면, 어떠한 구성 요소는 초과 달성을 한 것도 있겠지만 어떠한 구성 요소는 미달성된 것도 있을 것이다. 물론 애초에 조감도상에서 고려하지 않았던 구성 요소들도 실제 목표 달성에 영향을 미친 경우도 있을 것이다. 이러한 갭이 발생한 이유가 무엇인지를 추적할 필요가 있다.

우리는 앞서 조감도를 이루는 구성 요소들을 고정변수와 변동변수로 구분해 보았다. 일상적인 노력으로 충분히 달성할 수 있는 것은 고정변수, 창의적인 아이디어나 혁신적인 방법으로 달성해 내야 하는 것은 변동변수로 정해 놓고 각각을 실행하기 위한 방법을 도출했다. 이 과정이 처방 1의 '집중해야 할 핵심 변수를 선택하라'에서 작성한 '도표 9'이다.

여기서 중요한 것은 달성하기로 했던 성과를 달성하지 못했을 때, 그 원인을 추적하기 위해서는 두 가지 단계를 거쳐야 한다는 것이다. 첫 번째 단계에서는 목표 달성을 위해 설정한 타깃이 제대로 적중했는지 확인해야 한다. 이는 미달성 목표의 원인을 적확(的確)하게 찾을 수 있는 가장 중요한 부분이다. 조감도를 구성하는 구성 요소들, 즉 변동변수와 고정변수들 중에서 자신이 선택한 변동변수와 고정변수가 실제로 적중했는지 검증하는 단계이다.

결과물에 70~80%의 영향을 미칠 만큼 결정적인 영향력을 발휘할 것으로 예상되어 변동변수라고 설정한 구성 요소가 실제로는 중요하지 않은 변수였을 가능성도 있다는 점을 염두에 두어야 한다. 오히려 특별한 노력을 하지 않더라도 그동안 해 오던 절차나 프로세스대로 차질 없이 실행했으면 충분히 달성할 수 있을 것이라고 예상했던 고정변수가 실제로는 성과에 직접적인 영향을 주는 변동변수였을 수도 있으며, 자신이 애초에 변수로 생각하지 않았던 제3의 변수가 변동변수였을 수도 있다.

두 번째 단계에서는 변동변수와 고정변수가 제대로 설정되었는데도 성과를 내지 못했다면 변수를 공략하는 방법이 제대로 실행되었는지 분석해 봐야 한다. 조감도를 구성하는 구성 요소들, 즉 변동변수와 고정변수들을 공략하기 위해 수립했던 방법들 중에서 어떠한 부분이 잘못되었는지를 파악하는 것이다. 이 경우, 공략 방법이 적절하지 못했을 가능성이 크며, 특히 성과에 직접적인 영향을 끼치는 변동변수에 대해 목표 수준에 부합하는 창의적이고 혁신적인 실행 계획을 수립하고 실행하지 못했기 때문일 확률이 크다.

셋째, 변수와 성과 간의 시사점을 얻는다

앞서 구성 요소들 중에서 초과나 미달성 등 갭이 발생하게 된 원인을 바탕으로 어떻게 성과가 도출되었는지, 자신이 놓친 점이 무엇이었는지를 파악해야 한다. 이때 중요한 것은 본인이 핵심 변수로 지정했던 변동변수와 고정변수뿐 아니라, 제3의 변동변수로 나타난 변수들을 포함하여 성과와 어떤 관계를 맺고 있는지 분석해 보는 것이다.

어느 한 변수의 변화에 따라 성과가 달라진다면 이는 분명 성과와 관계가 밀접하다고 볼 수 있다. 만약 변수와 성과 간의 관계가 명확하게 원인과 결과의 관계로 밝혀진다면 이는 직접적인 영향을 주고받는 인과관계라고 규정할 수 있다. 반면, 하나의 변수가 성과에 직접적인 영향을 주지는 않지만 변수가 변화할 때 성과가 함께 증가하거나 감소하는 등 어느 정도의 관련성이 있다고 판단되는 경우를 상관관계라고 설정할 수 있다.

관상에서 '인중(人中)이 길면 오래 산다.'라는 말이 있다. 인중이란 코와 윗입술 사이의 오목한 부분을 말하는 것인데, 이를 어떻게 해석하느냐에 따라 상관관계와 인과관계로 구분할 수 있다. 만약 '인중이 긴 사람은 오래 산다.'라고 해석한다면 인중은 수명에 직접적인 영향을 주는 원인이 된다. 따라서 둘 사이에는 원인과 결과가 직접적으로 나타나는 인과관계로 설명될 수 있다. 하지만 '오래 사는 사람 중에는 인중이 긴 사람이 많다.'라고 해석한다면 둘 사이에는 어느 정도의 관련성은 있지만 직접적인 관계가 아니게 된다.

성과 목표 달성에 직접적인 영향을 미친 인과관계에 있는 변수가 무엇인지, 성과 목표와 간접적인 영향을 주고받는 상관관계에 있는 변수가 무엇이었는가를 파악함으로써 다음의 목표 달성 전략을 수립할 때 어떤 변수를 선택하고 집중할 것인지에 대한 중요한 단서를 마련할 수 있다.

이 대리도 연말이 되면 일을 마친 후에 위의 방법에 따라 스스로 일의 결과를 평가해 보는 시간을 갖는다. 우선 가장 먼저 연초에 작성한 자신의 최종 성과 목표의 조감도와 현재 자신이 달성한 결과물을 비교한다.

자신의 최종 성과 목표인 남성 고객 의류 제품 매출액 10억 원은 달성했지만 조감도의 구성 요소별로 상세히 분석해 보니 목표 대비 높은 성과가 있었던 부분도 있었고, 미달성된 부분도 있었다. 조감도 구성 요소별로 비교하지 않았더라면 모르고 넘어갔을 것이다.

도표 1 | 스포츠 의류 매장 영업팀 이 대리의 '목표 대비 성과 비교' 사례

팀 성과 목표	영업이익률 2% 향상		
해야 할 일	목적지표	목표 수준	조감도
매출이 저조한 고객층 개선	남성 고객 의류 제품 매출액	10억 원	20대 대상 슬림핏 디자인 강화 의류 3억 원
			30대 직장인 출퇴근용 아우터 의류 1억 원
			30대 기능성 강화 트레이닝복 2억 원
			40~50대 경량화 등산복 4억 원

자기 성과 평가		
달성 수준	성과	GAP
10억 원	20대 대상 슬림핏 디자인 강화 의류 4억 원	+1억 원
	30대 직장인 출퇴근용 아우터 의류 1억 원	-
	30대 기능성 강화 트레이닝복 1억 원	-1억 원
	40~50대 경량화 등산복 4억 원	-

이 대리는 매출액 10억 원이 도전적인 목표였기 때문에 목표가 달성되었다는 사실이 매우 기뻤지만 한편으로는 고정변수라고 생각한 30대 기능성 강화 트레이닝복 매출이 생각보다 저조하여 무엇이 문제였는지, 20대 남성 고객의 구매율이 저조한 이 대리의 매장에서 기대 이상의 성과를 보여 준 20대 남성 고객에 대한 매출 증가의 원인은 무엇이었는지 궁금하여 목표와 성과 간의 갭이 발생한 원인을 상세하게 분석해 보았다.

도표 2 | 스포츠 의류 매장 영업팀 이 대리의 '구성 요소별 원인 분석' 사례

자기 성과 평가					
달성 수준	성과	GAP	구성 요소별 원인 분석		
			1단계 타깃 변수 공략 성공 분석		2단계 변수 공략 방법 분석
10억 원	20대 대상 슬림핏 디자인 강화 의류 4억 원	+1억 원	변동변수	적절	• 20대 여성 디자인 강화 의류와 함께 구매 시 커플 할인 20% • 신제품 구매 시 더블 마일리지 적립 - 신제품으로 커플 제품 구매 시 20% 할인 및 더블 마일리지 적립으로 인해 고객 증가
	30대 직장인 출퇴근용 아우터 의류 1억 원	-	변동변수	적절	-
	30대 기능성 강화 트레이닝복 1억 원	-1억 원	고정변수	적절	• 트레이닝복 구매 시 인근 휘트니스 클럽 3곳의 10% 할인권 제공 - 인근 휘트니스 클럽 3곳은 서로 경쟁으로 인해 자체 할인율이 높아 10% 할인권이 매력적으로 작용되지 못함
	40~50대 경량화 등산복 4억 원	-	변동변수	적절	-

조감도의 구성 요소별로 원인을 분석해 보니 핵심 변수는 변동변수와 고정변수별로 제대로 분류되어 있었다. 먼저 목표가 미달성된 변수부터 분석해 본 결과, 아쉬움이 남는 부분이 많았다.

이 대리는 매장 주변에 기업이 많아 트레이닝복을 구매하는 사람들에게 인근 휘트니스 클럽 10% 할인권을 주면 상당히 매력적일 것이라고 생각했다. 그러나 인근 휘트니스 클럽은 고객 유치 경쟁으로 인해 이미 많은 할인율을 적용하고 있어서 스포츠 매장에서 제공하는 할인권이 크게 매력적으로 작용하지 못했다. 또한 인근 기업들이 입주해 있는 건물들의 불이 자주 늦게까지 켜져 있는 것으로 보아 직장인들이 운동할 시간도 없이 야근을 할 가능성도 있었다.

다행히 30대 기능성 강화 트레이닝복에서 미달성된 매출액 1억 원은 기대 이상의 20대 대상 슬림핏 디자인 강화 의류 매출액으로 만회할 수 있었다. 그러나 생각지 못한 급작스러운 신제품 매출액 증가는 이 대리가 물량을 확보하는 데 큰 어려움으로 작용했다.

남성 디자인 강화 의류는 여성 의류와 함께 구매를 할 때 커플 할인 20%를 적용해 주고, 신제품을 구매할 때는 더블 마일리지를 적립해 주었다. 신제품으로 커플 제품을 구매하면 20% 할인과 더블 마일리지 혜택을 모두 볼 수 있어서 대다수의 20대 남성은 신제품을 커플룩으로 구매했다. 매출 증가의 효과는 있었지만 확보된 물량보다 더 많은 물량이 필요하여 고객들이 예약을 하고 제품을 기다리는 등 많은 불편함을 겪었다. 한 고객은 선물용으로 구입했는데 제 시간에 제품을 받지 못해 아쉬움이 있었다는 불만을 홈페이지에 게시해 이 대리는 아쉽게도 친절 사원이 되지 못했다.

구성 요소별 원인 분석을 마친 이 대리는 마지막으로 변수와 성과 간의 관계가 상관관계인지, 인과관계인지를 판단하는 과정을 거쳤다.

도표 3 | 스포츠 의류 매장 영업팀 이 대리의 '변수와 성과 간 관계 분석' 사례

자기 성과 평가							
달성 수준	성과	GAP	구성 요소별 원인 분석				
			1단계 타깃 변수 공략 성공 분석	2단계 변수 공략 방법 분석		3단계
10억 원	20대 대상 슬림핏 디자인 강화 의류 4억 원	+1억 원	변동변수	적절	• 20대 여성 디자인 강화 의류와 함께 구매 시 커플 할인 20% • 신제품 구매 시 더블 마일리지 적립 − 신제품으로 커플 제품 구매 시 20% 할인 및 더블 마일리지 적립으로 인해 고객 증가		인과관계
	30대 직장인 출퇴근용 아우터 의류 1억 원	-	변동변수	적절	-		상관관계
	30대 기능성 강화 트레이닝복 1억 원	-1억 원	고정변수	적절	• 트레이닝복 구매 시 인근 휘트니스 클럽 3곳 중 10% 할인권 제공 − 인근 휘트니스 클럽 3곳은 서로 경쟁으로 인해 자체 할인율이 높아 10% 할인권이 매력적으로 작용되지 못함		상관관계
	40~50대 경량화 등산복 4억 원	-	변동변수	적절	-		인과관계

사전에 일을 통해 달성해야 할 결과물과 결과물을 만들어 내기 위해 해야 할 행동들을 수립해 놓았으나 이것을 기준으로 평가를 하는 구성원은 많지 않다. 하지만 일을 하기 전에 일을 어떻게 수행할 것인지 전략과 실행 계획을 세웠던 것처럼 일을 마친 후에도 계획한 바와 같이 제대로 실행되었는지 평가해 보는 시간이 필요하다.

많은 직장인이 일이 완료된 이후에 분석하고 평가하는 시간을 갖는 것을 중요하다고 생각한다. 하지만 대부분 실천으로 옮기지는 않는다. 만족할 만큼의 성과가 나왔다면 기쁜 마음에 리뷰(Review)의 필요성을 느끼지 못하고, 제대로 성과가 창출되지 않았다면 기분이 좋지 않아 우울한 마음을 떨쳐 버리고자 지나간 일에 대해 더 이상 생각하려고 하지 않기 때문이다.

분석하고 리뷰하는 과정을 통해 성공과 실패의 원인을 정확하게 파악할 수 있고 다음 목표 달성을 위한 전략을 수립할 때 고려해야 하는 정보들을 얻을 수 있다. 리뷰가 먼저 이루어져야 앞으로 수행해야 될 전략과 방법들에 대한 프리뷰(Preview)가 가능하다. 현재 상황(As-Is)을 모르고 미래(To-be)에 대한 전략을 수립하면 또다시 성과를 내지 못할 확률이 크다.

자신이 목표한 바와 실제 결과물 사이에 발생된 갭의 원인이 무엇인지 객관적인 사실 중심으로 구체적으로 파악해야 한다. 목표했던 것보다 더 좋은 성과를 얻었다면, 그 일이 우연인지 실행력이나 전략 덕분인지 분석해야 한다. 우연이라면 다음에는 반복적인 성과가 나지 않을 수도 있기 때문에 성공에 대한 기쁨과 자만보다는 경각심을 가져야 한다. 결과물을 제대로 달성하지 못했다면 원인이 무엇인지 파악하여 만회하기 위한 전략을 다시 세우거나 자신의 역량 부족이라면 부족한 역량을 어떻게 보충할 것인지에 대한 계획을 수립해 볼 수 있다.

만약 그 일이 목적하는 바, 즉 상사가 원하는 결과물을 평가해야 하는데 결과물과 상관없는, 얼마나 열심히 노력했는가나 투입된 업무량의 크기로 평가한다면 이 평가는 타당성이 결여된 것이다. 공급자인 자신의 관점에서 주관적인 평가를 하게 되면 완성된 일을 되돌아보는 것에서 끝난다. 자신에게 일을 시키는 주체는 고객인 상사이기 때문에 자신의 고객인 상사가 만족하지 못한 부분이 무엇이었는지 파악한 뒤에 목표를 달성하기 위해 어떤 전략과 방법을 수립해야 하는지 답을 얻어야 한다.

조직에서 자신의 존재 목적을 고민해 보면, 자신이 일을 통해 가치를 만들어 만족시켜야 할 대상은 1차적으로 상사이다. 따라서 상사의 관점으로 자신의 성과를 따져 보고 객관적인 근거를 바탕으로 평가하여 상사에게 의견을 개진할 수 있어야 한다.

따라서 자신의 상사를 단순히 직장 내의 계급적 상사로 생각하지 말고 자신의 업무 결과의 가치를 구매하는 고객으로 보는 관점이 필요하다. 그리고 자신의 고객이 공급자인 자신이 한 일의 결과물에 대해 가치를 느껴야 업무 성과가 창출된다는 사실을 인지하고, 고객이 원하는 성과를 창출하기 위해 자신이 어떻게 일하고 행동하고 생각해야 할지 지속적인 고민이 필요하다.

02 대상별 만회 대책을 수립하라

만회 대책은 책임감이다

자신이 맡아 하던 일이 잘못되었다면 그것은 그 누구도 아닌 자신의 책임이다. 때로는 운이 없을 수도 있고, 시기적으로 성과를 내지 못할 상황이었을 수도 있다. 하지만 당신의 상사는 당신이 난관을 이겨 내고 성과를 창출하기를 내심 바랐을 것이다.

당신에 대한 상사의 기대를 저버린 것은 있는 그대로 인정해야 한다. 그러니 애써 외부 환경 탓도, 상사 탓도, 동료 탓도 하지 말자. 남의 탓을 할수록 일하기 싫어지고 자신의 동기유발을 가로막게 만든다. 자신의 손을 거쳐서 나온 일의 성과물은 전적으로 본인의 책임이 따른다. 자신이 부족하고 잘못했던 부분에 대해서는 확실하게 인정해야 한다. 그리고 미달성된 목표를 어떻게 만회할 것인지에 대한 대책을 수립하여 이를 보완할 수 있어야 한다.

나는 기업의 중간 경영자들이나 실무자들에게 만약 목표를 미달성했다면 그 이유가 무엇인지 객관적 사실 중심으로 원인을 파악하고, 미달성된 목표를 어떻게 만회할 것인가에 대해 근거 자료를 중심으로 끊임없이 질문하고 부탁한다.

하지만 대부분의 실무자는 자신이 목표를 달성하지 못한 이유가 무엇인지 정확하게 알지 못하는 경우가 다반사이다. 그리고 그 미달성된 목표를 어떻게 보완할 것인지에 대해 논리적인 근거를 바탕으로 대답하지 못한다. 그저 대략적인 추진 방향이나 짐작으로 '이렇게 하면 될 것 같다.'라는 의지의 표현 정도로만 이야기하는 경우가 많다.

이는 비단 그 기업만의 문제가 아니다. 실제로 현업에서는 미달성된 목표를 만회하기 위한 노력이 매우 부족하다. 하지만 그들에게도 그럴 만한 이유가 있다. 바로 '안 되는 이유'이다. 현장의 실무자들에게 미달성된 목표에 대해 물어보면 늘 안 되는 이유만을 장황하게 늘어놓는다. 그러면서 자신은 열심히 노력했지만, 주변의 환경 때문에 어쩔 수 없었다고 결론을 내며 자신을 합리화시킨다.

그러나 나는 그렇게 생각하지 않는다. 일을 진행할 때 안 되는 이유를 자꾸 찾게 되는 것은 꼼꼼함이나 주도 면밀한 성격의 영향이라기보다는 실패를 두려워하는 나약함과 자기방어 때문인 경우가 많다. 안 되는 이유를 생각하기 시작하면 끝이 없고 일 자체가 진행되기 어렵다. 그 시간에 차라리 미달성된 목표를 어떻게 만회할 수 있는가에 대해 고민하고 방안을 하나 더 만드는 것이 옳다. 안 되는 이유보다 되는 이유 그리고 될 수밖에 없는 방법을 찾아야 한다.

그렇다면 어떻게 해야 제대로 된 만회 대책을 수립할 수 있을까?

첫째, 미달성한 목표와 관련된 업무의 전체 과정을 파악한다

어떻게 해서 상사가 원했던 결과물을 만들어 내는 데에 실패했는지를 구체적으로 설명할 수 있을 정도로 완벽하게 전체 과정을 파악하고 있어야 한다. 업무의 전체 과정을 파악하는 것은 눈에 보이는 것뿐 아니라 눈에 보이지 않는 부분까지도 현상을 분석하게 만든다. 그리고 어떠한 변수와 요인이 성과 목표에 직접적인 영향을 주는 인과관계인지, 간접적인 영향을 주는 상관관계인지를 설명해 주는 증거 자료가 된다.

이처럼 일의 전체 흐름과 과정을 파악해야 상사가 원하는 목표에서 부족하게 달성한 부분에 대해서는 어떻게 만회할 것인지 대비할 수 있다. 이는 이후에 동일한 실수를 하지 않도록 유의할 수 있는 계기가 된다.

둘째, 새롭게 등장한 제3의 변동변수를 공략하기 위한 방법과 예정일을 작성한다

앞서 목표를 미달성했을 경우의 원인을 추적하는 2가지 단계가 있다고 했다. 그것은 바로 설정한 타깃이 제대로 적중했는지 확인하는 1단계와 변수를 공략하는 방법에서 문제가 있었는가를 확인하는 2단계이다. 여기서 자신이 기존에 설정한 변동변수와 고정변수 외에 성과에 결정적으로 영향을 끼친 제3의 변동변수를 찾아내고 그 변동변수를 공략하기 위한 창의적인 실행 계획을 수립해야 한다. 이때, 만회 대책을 언제까지

달성하겠다는 예정일을 반드시 포함하여 향후 성과 목표 설정에 반영하도록 한다.

셋째, 만회 대책을 실행하는 데 필요한 요청 사항을 구체적으로 기록한다
만회 대책을 실행하다 보면 기존 방법이 아닌 새로운 전략과 방법으로 실행해야 하는 경우가 많다. 제3의 변동변수나 미달성된 목표를 만회하기 위해서는 기존의 방법으로는 해내기 어려운 경우가 있기 때문이다. 따라서 새로운 전략과 방법을 위해서는 상사나 동료, 부서 간의 협업이 매우 중요하다. 만회 대책을 수립할 때에는 도움을 요청할 대상과 그 대상이 어떠한 일을 수행해야 하는지도 함께 기록해야 한다. 또한 상세한 원인 분석을 통한 근본적인 문제점 파악은 요청 사항들을 구체적으로 기록하는 데 큰 도움을 줄 것이다.

성과 코칭을 수행했던 한 제조업체의 월간 성과 분석을 실시한 내용은 '도표 4'와 같다. 내용과 형식은 기업별로 다르겠지만, 분석한 내용과 대책 수립한 내용을 보면 공통적으로 나타나는 문제는 거의 유사하다. 다음 도표를 보며 어떠한 점이 잘못되었는지 찾아보고 자신은 어떻게 개선해야 할 것인지를 고민해 보도록 한다.

'도표 4'는 생산성 향상을 위해 설비 가동률을 핵심 성과 지표로 정했던 제조업체 A사 생산팀장의 만회 대책 수립 사례이다. '1. 설비별 종합 가동률'의 성과 목표 달성도를 살펴보면 모두 89.8~96% 수준으로, 목표에 미치지 못했다. 그 결과, 미달성된 목표는 '가동률 전체 134.7H'인 것

도표 4 | 제조업체 A사 생산팀장의 '기존 만회 대책 수립' 사례

성과 목표		(X)월 성과		완료일	달성도	성과 분석 및 만회 대책	
		추진 성과					

전략 과제	생산성 향상	**1. 설비별 종합 가동률 성과**
		
		| 구분 | 목표 | 성과 | 달성도 |
		|---|---|---|---|
		| 가동률 | 77% | 72.4% | 94% |
		| AA | 75% | 67.4% | 89.8% |
		| BB | 79% | 76.1% | 96% |
				1/31	94%	목표 미달성	• 가동률 전체: -4.6%
							  (-134.7H)
							 -금형 고장: -4.3%
							  (-120.8H)
							 -초기 수율: -1.3% (-38.76H)
							
							※ 시주 시간 제외 시 가동률 74.1%

핵심 성과 지표	가동률 (%)	**2. 주요 비가동률 요인** | 구분 | | 비가동(H) | 비가동률(%) | |---|---|---|---| | 합계 | | 787.9 | 27.6 | | 고장 LOSS | 금형 | 384 | 12.3 | | | 기계 | 39.4 | 1.4 | | 작업 LOSS | 초기 수율 (예열) | 126.8 | 4.3 | | | 품질 수정 | 99.8 | 3.5 | | | 준비 교체 (시주) | 108.8 | 3.8 | | | 기타 | 65.1 | 2.3 |				원인 분석	• 금형 고장 -X 금형 노후 -Y 파손 • 초기 수율 -생산량 감소 및 한파로 인한 설비 예열 시간 증가
목표	당해	78%					만회 대책	• 금형 고장 -X 금형 노후로 인한 문제 생기지 않도록 교체 예정 • 초기 수율 -한파에 대비한 공장 내부 온도 유지
	1월	77 / 72.4						
	누계	77 / 72.4						

으로 조사되었다. 그렇다면 정확한 원인은 무엇이고 이를 어떻게 만회하고자 했을까?

생산팀장은 목표가 미달성된 원인을 금형 고장과 초기 수율로 지적했지만, 정확하게 그 근거가 보이지 않는다. X 금형이 노후되고 Y가 파손되면 설비 가동률에 영향을 미칠 수는 있겠지만, 어느 정도의 영향을 미치는가는 정확히 알 수 없다. 대략적인 짐작만 할 수 있는 것이다.

또한 미달성된 목표를 만회하는 대책을 수립한 부분도 다소 허술하다. 현재 수립된 만회 대책은 언제까지, 어느 정도의 수준으로 완료할 것인지, 누구에게 협업을 요청할 것인지, Y 파손에 대한 만회 대책은 무엇인지 등이 반영되지 않아 제대로 수립된 만회 대책이라고 판단하기 어렵다.

'도표 4'를 작성한 생산팀장과 만회 대책을 수립하는 방법과 프로세스에 대해 몇 차례 대화를 나눌 자리가 있었다. 약 1년 후, 생산팀장은 '도표 5'를 새롭게 작성했다. 그리고 지난해에 작성한 '도표 4'와 비교해 보더니 매우 놀라워했다. 실제로 할 수 있다는 자신감과 그 자신감이 밖으로 표출되는 노력은 실로 엄청난 결과를 이끌어 내기도 한다는 것을 몸소 느낀 순간이었다.

'도표 4'와 '도표 5'를 비교해 봤을 때 느껴지는 가장 큰 차이점은 무엇이라고 생각하는가? 바로 공략한 타깃과 전략의 차이이다. 기존의 월간 성과 분석에서의 가동률 목표와 성과 수치는 78%, 72.4%이고 생산팀장이 약 1년 뒤에 작성한 월간 성과 분석에서의 가동률 목표와 성과 수치는 85%, 82.7%이다. 가동률 성과가 전년 대비 10%가 향상되었다는 말은 실로 엄청나다.

실질적으로 제품을 생산하는 현장의 규모에 따라 상이하겠지만 제조업체 A사의 생산팀장의 말에 의하면, 이 회사에서 취급하는 제품을 생산할 때 '도표 4'의 가동률로 1만 개를 생산했다면 '도표 5'의 가동률로 생산을 할 경우에는 약 1만 2천 개를 넘게 생산할 수 있다고 한다. 가동률 10% 향상은 사람에 대한 직무 역량 향상과 더불어 불량률 감소, 사이클 타임 단축에 이르기까지 광범위한 효과를 미치기 때문에 전년도 월 평균

도표 5 | 제조업체 A사 생산팀장의 '코칭 후 만회 대책 수립' 사례

미달성 목표				원인 분석	만회 대책
전략 과제 (CSF)	핵심 성과 지표(KPI)	수치 목표	성과		
생산성 향상	주조 가동률(%)	85%	82.7%	• 전월 대비 비가동 요인 분석 | 구분 | 비가동 시간 X월 | 비가동 시간 X+월 | GAP | |---|---|---|---| | 금형 고장 | 71.4 | 118.1 | 46.7↑ | | 품질 수정 | 27.8 | 71.1 | 43.3↑ | | 설비 고장 | 41.8 | 66.7 | 24.9↑ | | 금형 교환 | 29.3 | 55.3 | 26.0↑ | | 예열 시간 | 134.6 | 115.7 | 18.9↓ | | 기타 | 109 | 94.5 | 14.5↓ | | 합계 | 413.9 | 521.4 | 107.5↑ | • 금형 고장(118.1H) -X 금형 노후에 따른 고장 시간 증가 -금형정비: 50.5H(전월대비 31.3H↑) -코아핀 교환: 36.3H(전월대비 11.3H↑) -미각기: 31.3H(전월대비 4.1H↑) • 품질 수정(71.1H) -Y 습합 불량으로 버 발생에 의한 진공기 막힘 -Z 스퀴즈 깊이 14mm 이상 적용에 따른 쇼트박리 발생	• 금형 고장 -스페어 금형 확보로 금형 수리 시 간 감소 S-6차 양산승인(05/15) S-7차 양산승인(05/25) -P19번 핀 전장 개선 협의(M-POA) (기술 연구소 : 이 차장) -스페어 금형 확보에 따른 기존 생산 금형 예방 정비 강화(습합 관리) • 품질 수정 -금형 노후로 05/15 반납 예정 (04/29 발주량: 5,269EA 생산 완료) -차기 생산 시 신금형 또는 예방 정비된 금형으로 생산 -스퀴즈 깊이 협의를 통한 쇼트박리 불량 개선(스퀴즈 깊이 14mm→10mm 적용)

생산량보다 약 1천 개를 더 생산할 수 있을 것으로 기대했다.

실질적으로 2천 개가 넘게 초과 생산되는 것을 보고 자신도 놀랐다고 했다. 생산팀장도 놀랐지만, 나도 놀랐던 기억이 난다. 생산 현장을 자주 돌아다녀 본 경험으로는 1년 동안 가동률을 1~2% 올리는 것도 상당히 힘든 과제인데, 새로운 설비로 교체를 하거나 어지간한 개선 활동을 해서

는 10% 정도 생산성을 향상시킨다는 것은 꿈도 꿀 수 없는 결과였기 때문이다. 얼마나 많은 노력을 해 왔을까? 얼마나 많은 시간 동안 눈에 보이지 않는 문제점이 무엇일까를 조사하고 확인하는 작업을 했을까? 나는 감동을 받지 않을 수 없었다.

어떻게 해서 이런 성과가 나타날 수 있었는지 도표 안의 내용을 자세히 살펴보자. 기존에는 원인 분석을 할 때 결과치만 고려하여 만회 대책을 수립한 반면, '도표 5'에서는 전월과 당월의 갭에 대한 상세한 원인들을 구체적으로 분석하여 만회 대책을 수립했다. 따라서 어디서 잘못되었는지 요인별로 분석이 가능하고, 보이지 않는 문제점까지 찾아낼 수 있어 누구에게 협업을 요청할 것인지 선행적으로 만회되어야 할 이슈가 무엇인지 등을 파악하기 쉬웠을 것이다.

아마 위의 상황과 비슷한 일을 하고 있다면 보고되지 않는 부분에 얼마나 많은 실제 데이터가 숨어 있을지 그 험난한 과정을 말로 표현하지 않아도 잘 알고 있을 것이라고 생각한다.

이번에는 이 대리의 사례를 통해 연간 성과 분석을 할 때 수립한 만회 대책 사례를 보자. 이 대리는 결과적으로 최종 성과 목표는 달성했지만, 최종 성과 목표를 달성하기 위해 작성한 조감도의 구성 요소 중 30대 남성 고객을 목표로 한 기능성 강화 트레이닝복 판매 2억 원은 달성하지 못했다. 따라서 연간 성과 분석을 할 때 미달성된 원인을 상세히 분석하고 만회 대책을 수립하여 같은 실수나 문제점이 발생되지 않도록 내년 성과 목표에 반영하기로 했다.

도표 6 | 스포츠 의류 매장 영업팀 이 대리의 '만회 대책 수립' 사례

미달성 목표			원인 분석 및 만회 대책	
조감도 구성 요소	목표 수준	달성 수준	원인 분석	만회 대책
...	...	...	• 목표 대비 제품별 매출액 분석 | 구분	기능성 강화 트레이닝복 ||| GAP | |---|---|---|---|---| | | 전년도 | 목표액 | 달성액 | | | 티셔츠 | 0.4 | 0.5 | 0.1 | -0.4 | | 민소매 | 0.4 | 0.4 | 0.2 | -0.2 | | 후드 집업 | 0.2 | 0.3 | 0.4 | +0.1 | | 팬츠 | 0.4 | 0.4 | 0.2 | -0.2 | | ... | ... | ... | ... | | | 매출액 합계 | 1.8억 원 | 2억 원 | 1억 원 | 1억 원 | • 티셔츠 0.1억 원 기능성 강화 홍보 미흡으로 인한 매출 저조 ※ 비고 : 기본 티셔츠 매출액은 전년 매출 유지 • 30대 남성 고객 소비 패턴 변화 기능성보다는 슬림핏 디자인 의류 제품 구매율 증가 ※ 비고 : 슬림핏 디자인 의류 매출액의 35%는 30대 남성 고객	• 기능성 강화 티셔츠 매출액 증가(0.4억 원) 　- 전년도 기능성 강화 티셔츠 재고 소진을 위한 단체 고객 확보 및 할인 프로모션 기획(0.1억 원) 　- 스텝들에게 신제품 특징 교육을 통해 고객들에게 충분한 정보 전달 후 판매 실시(0.3억 원) • 30대 남성 고객 소비 패턴 분석 　- 최근 5년간 30대 남성 고객 소비 패턴 분석하여 선호 의류 파악(1/15) 　- 온/오프라인 설문을 통한 잠재 고객 및 선호도 분석(1/31) 　- 30대 매출액이 높은 C매장 최근 3년간 마케팅 활동 및 30대 남성 고객 매출액 데이터 확보(C매장 영업팀 김 대리에게 요청)
...	...	...		
30대 기능성 강화 트레이닝복 매출액	2억 원	1억 원		
...	...	...		
...	...	...		

이 대리의 매장에서는 30대 남성 기능성 강화 트레이닝복의 매출이 꾸준히 연 평균 2억 원 정도 발생했기 때문에 올해에도 2억 원 정도는 충분히 달성할 수 있을 것이라고 생각했다. 그런데 올해 목표한 금액과 달성한 금액을 비교해 보니 1억 원이나 차이가 났다. 목표 매출액의 50%밖에 달성하지 못한 것이다. 고정변수라 생각하고 다른 고객층에 비해 마케팅 활동을 활발히 하지 않은 것이 가장 큰 원인이었고, 30대가 점점 기능성

트레이닝복보다 슬림핏 디자인 트레이닝복을 선호하는 추세에 대응하지 못했다.

따라서 이 대리는 내년도 성과 목표를 수립할 때 슬림핏 디자인의 주요 고객인 20대와 함께 30대도 고려해 볼 수 있도록 과거 30대 소비 패턴 분석 및 앞으로의 잠재 소비 패턴을 분석해 보기로 했다. 또한 30대 매출액이 높은 C매장의 최근 3년간 30대 대상 마케팅 활동과 30대 고객의 매출액 데이터를 확보하여 벤치마킹할 부분을 확인할 것이다.

목표 미달성 원인이 30대에 대한 마케팅 부족과 고객 동향을 살피지 못한 것이므로 내년에는 중점적으로 본사 마케팅팀과 협업하여 다양한 프로모션과 매장 자체만의 프로모션을 기획하고 30대 고객의 매출을 극대화시킬 수 있는 새로운 전략과 방법을 고민해 보는 것이 이 대리의 새로운 과제가 되었다.

제조업체인 A사의 생산팀장이 작성한 것처럼 월별로 만회 대책을 수립하였으면 다음 달에 반영하여 최종 성과 목표 달성에 도움이 되도록 하고, 이 대리처럼 연간으로 만회 대책을 수립하였다면 내년도 성과 목표 설정을 할 때 만회 대책을 고려하여 같은 문제점이 발생하지 않도록 하면 된다.

만회 대책이라는 것은 달성한 부분보다 달성하지 못한 것에 대해 어떻게 만회할 것인지 계획을 수립하고 실행하는 측면이 상당히 강하다. 그렇기 때문에 우리가 하기로 한 일에 대해 구체적인 요인별로 세분하여 깊게 분석을 하지 않고서는 그 문제를 근본적으로 해결해 나갈 수 없다.

끊임없이 발전하고 성장해 나가기 위해서는 자신의 현재 상태를 명확하게 파악하고 개선해 나갈 수 있는 부분에 대한 대책을 강구하여 실행으로 옮겨야 한다. 그러면 머지않아 우리가 꿈꾸는 '성과'가 반드시 창출될 것이다.

03

필요 역량을 개발하라

역량은 전략 실행력이다

이 시대가 요구하는 인재는 어떤 모습일까. 단순히 스펙이 좋고 좋은 대학을 나왔다고 해서 최고의 인재라고 부르지 않는다. 지능이 높고 지식이 풍부함에도 불구하고 일을 잘하지 못하는 직장인들을 어렵지 않게 볼 수 있기 때문이다. 그런 사람에게는 '공부 머리'는 있어도 '일 머리'가 부족하다고 말하곤 한다.

여기서 말하는 공부 머리와 일 머리의 차이는 일종의 능력과 역량의 다른 표현이기도 하다. 학자들이 능력과 역량을 학문적으로 잘 정리해 놓았지만 일하는 직장에서 능력과 역량을 실무적으로 이해하기 쉽게 정의해 본다면, 능력(capability)이란 '과거의 경험이나 지식, 스킬과 같은 직무 수행을 위한 기본 자격 요건'을 의미하는 것으로, 직무 경력, 학력, 자격증과 같은 인풋을 중시한다고 볼 수 있다.

반면에 역량(Competency)이란 성과 목표를 달성하는 데 가장 중요한 영향을 미치는 바람직한 행동 특성, 즉 성과를 창출하기 위한 전략과 실행 계획을 수립하고 이를 행동으로 옮겨 원하는 성과를 창출하는 행동력을 의미한다. 역량이 성과 창출에 직접적으로 영향을 준다는 의미이다. 공부 머리는 '지식을 얼마나 많이 알고 있고 얼마나 많은 능력을 가지고 있느냐' 하는 것이고, 일 머리는 '성과를 창출하기 위한 역량을 얼마나 발휘하고 있느냐' 하는 것을 의미한다고 볼 수 있다.

피터 드러커는 역량에 대해 이렇게 해석했다.

"지능, 상상력, 지식과 같은 요소는 능력의 범주에 속한다. 이러한 능력을 기반으로 성과를 창출할 수 있는 연결 요소가 '목표 달성 능력', 즉 '역량'이다."

역량은 우연히 일어나는 것 또는 일회적인 것이 아니다. 반복적이고 지속적으로 발휘되는 성과 창출과 관련된 행동 특성이다. 그래서 최근 많은 직장에서 직원을 채용할 때 과거와 달리 능력보다는 역량에 중점을 두고 있기도 하다.

이처럼 능력보다 역량을 강조하고 직원을 채용하는 기준도 달라진 이유는 조직 구조의 패러다임 때문이다. 현재 우리 직장은 매우 빠른 속도로 수직적 계급 조직에서 역할 중심의 수평적 역할 조직으로 변화하고 있다. 계급과 위계를 잘 따르는 인재가 중요했던 과거와 달리 현재는 자신의 역할과 책임을 올바르게 인식하고 본질적인 역할을 찾아 성과 책임에 얼마나 집중하느냐가 훨씬 더 중요해졌다.

따라서 수평적 역할 조직에서는 올바른 역할 수행을 통해 조직에서 요구하는 책임을 다하는, 별도로 관리·감독이 필요하지 않은 사장(事長) 같은 인재를 필요로 한다. 사장이란 말에는 중의적인 의미가 포함된다. CEO를 의미하는 사장이라는 뜻과 일 사(事)를 사용하여 자기가 맡은 일에 책임지는 사람이라는 뜻을 가진다. 즉 자신이 맡은 일은 책임지고 성과를 내라는 의미인 것이다.

직장에서 그리고 자신의 가장 직접적인 고객인 상사와의 관계에서 '성과'는 고객과의 지속적인 거래 관계를 유지하기 위한 기본 조건이다. 상사와 함께 일정 기간 동안 역할 수행을 통해 달성해야 할 책임을 사전에 합의하고, 역량을 발휘하여 지속적으로 성과를 창출할 수 있어야 한다. 조직은 구성원들이 자신에게 할당된 역할 수행을 통해 지속적으로 성과를 창출하고 필요 능력과 역량을 개발하기를 원한다. 당연히 조직의 구성원들은 자신의 고객인 조직에서 자신에게 원하는 역량을 갖추고 있어야 지속적인 거래 관계를 유지할 수 있다.

그리고 성과가 있어야 자신의 존재 목적도 증명이 되고 팀워크도 생기는 것이다. 자신의 역량이 부족하여 동료나 상사의 도움을 받아 성과를 내는 것은 어쩌다가 한 번은 가능하다. 하지만 매번 그런 모습을 눈감아 줄 너그러운 직장은 어디에도 없다. 자신이 맡은 일을 제대로 끝내지 못하면 누군가의 시간과 노력을 뺏고 피해를 주게 될 것이다. 그런 사람과 같이 일하고 싶어 하는 상사, 동료는 결코 존재하지 않는다.

따라서 우리는 스스로 정해진 기간 내에 수행해야 할 자신의 역할을 잘 알고 그에 걸맞게 행동하고 책임을 완수하고 있는지를 되돌아보고 자신의 역량을 개발하는 데 집중하고 투자해야 한다.

어떻게 해야 성과를 창출하는 역량을 꾸준히 개발할 수 있을까?

첫째, 스스로 역량 품질을 평가한다

'아는 만큼 보인다.'라는 말이 있듯이 우리가 업무를 수행하면서 자신의 역할과 책임을 제대로 하지 못하는 원인은 자신이 성과를 창출하는 데 미흡한 역량과 능력이 무엇인지 잘 모르고, 어떻게 구체적으로 개발해야 하는지 잘 몰라서인 경우가 대부분이다. 그런 의미에서 자신의 역량 품질을 평가하고 피드백하는 과정은 자신의 강점과 약점을 구체적으로 알 수 있는 계기가 되며 스스로를 동기유발하는 가장 훌륭한 육성 방법이 될 수 있다.

이때 정확한 '역량 품질'을 평가하기 위해서는 반드시 '성과'에 초점을 맞춰야 한다는 점을 명심해야 한다. 성과를 달성하기까지의 과정 중에서 자신이 발휘한 역량, 즉 성과에 영향을 주는 행동 특성에 대한 평가가 중요하다. 성공적인 결과물을 얻을 수 있었던 행동 특성이 무엇이었는지 그리고 자신이 어떠한 역량이 부족해서 전략을 실행하지 못하고 성과가 미달성되었는지 그 원인을 찾을 필요가 있다.

필요 역량을 개발하기 위한 시작은 자신의 부족한 역량이 무엇인지 파악하는 것에서부터 시작해야 한다. 역량은 반복적으로 발휘되는 행동 특성이기 때문에 평소에는 어떤 역량이 부족한지 파악하기 쉽지 않다가 과제를 수행하는 과정을 통해 그 모습을 드러낸다. 따라서 일의 결과물을 평가하고 분석하는 과정을 통해야만 부족한 역량이 무엇인지 파악할 수 있는 것이다.

그러므로 성과를 되돌아보는 시점에서는 반드시 자신이 어떤 부분의 역량을 키워야 하는지를 반성하는 프로세스가 따라 주어야 한다. 이를 위해 우리는 앞서 처방 3 '품질을 논하라'에서 '데이터로 GAP을 분석'하고 '대상별 만회 대책을 수립'하는 과정을 살펴보았다. 이 두 과정은 애초에 설정했던 성과 목표와 달성된 성과를 비교해서 달성하지 못한 성과 목표 부분에 대해 구체적으로 원인이 무엇인지 분석하고, 이에 대한 만회 대책을 수립하는 것이었다.

위의 두 단계를 바탕으로 자신이 성과 목표를 달성하는 데 작용하였던 역량을 세부적으로 분석하여 역량 품질을 평가하고, 부족한 역량이 무엇이었는지 찾아본다. 다시 말해, 달성하고자 했던 목표를 잘 달성하지 못한 이유들 중에서 자신이 부족한 역량이 무엇인지를 추적해 보는 것이다.

둘째, 개발할 역량 목표를 결정한다

개발하고자 하는 역량 목표를 선정할 때에는 두 가지 측면에서 고려해야 한다. 첫 번째는 앞서 역량 품질을 평가해 본 결과를 바탕으로 자신이 개발할 역량을 선정하는 것이다.

성과 목표를 달성하는 데에는 여러 가지 역량이 작용했을 것이다. 그중에서 본인이 성과 목표를 달성하는 데에 꼭 필요한 역량이었지만 자신의 역량이 부족해서 원하는 전략을 제대로 실행하지 못했던 경우가 분명히 있을 것이다. 즉 전략을 제대로 실행하지 못했던 부분들의 필요 역량을 중점적으로 살펴보고 그중에서 향후 개발해야 할 역량 목표를 선정하면 된다. 그 외에 성과 목표 달성에 순기능적으로 작용했던 역량들은 데이터 베이스화하여 향후 지속적으로 강화하는 것이 바람직하다.

두 번째는, 향후 조직에서 중·장기 성과를 달성하기 위한 전략을 실행하는 데 자신이 담당해야 할 역할과 책임을 감당하는 데 필요한 전략적 행동에서 필요 역량을 파악하는 것이 중요하다. 앞서 역량 품질 평가를 통해 개발해야 할 역량을 찾는 것도 중요하지만 미래 관점에서 향후의 성과 목표를 수행하는 데 필요한 역량을 개발하는 것도 매우 중요하다.

성과 목표는 매해마다, 매 프로젝트마다 타깃과 목표 수준이 달라지기 때문에 얼마든지 변할 수 있다. 그리고 성과 목표가 달라지면 그에 맞게 전략과 실행 방법도 달라지며, 발휘해야 할 역량도 달라지게 마련이다. 따라서 자신이 내년도나 다음 프로젝트에서 책임져야 할 성과 목표를 달성하기 위해 반드시 필요한 전략을 수행하려면 어떠한 역량이 필요한지 사전에 분석해 보아야 한다. 즉 성과 목표를 달성하기 위해 수립된 전략을 바탕으로 해당 전략을 수행할 때 스스로 부족하다고 예상되는 역량들 중에서 우선적으로 개발해야 할 필요 역량이 무엇인지 선정하는 것이다.

이처럼 역량 품질을 평가한 결과, 부족하다고 판단된 역량과 내년도의 성과 목표를 달성하기 위한 전략을 수립하는 과정에서 필요하다고 예상되는 역량을 앞으로 개발해야 할 필요 역량으로 선정하면 된다. 그리고 개발이 필요한 역량을 설정하고 나면, 자신이 어떠한 의도로 해당 역량을 개발하고자 하는지를 개념적으로 정의하는 것이 좋다. 역량 항목만 봐서는 상사와 자신이 생각하는 행동 특성들이 다를 수도 있기 때문에 사전에 명확하게 정의하는 것이 필요하다.

셋째, 내년도 자기 개발 계획을 수립한다

자기 개발 계획을 수립할 때는 자신이 보완해야 할 역량을 원하는 수준으로 개발할 수 있도록 계획을 세우는 것이 중요하다. 역량이란 앞서 살펴보았듯이 성과에 결정적인 영향을 미치는 바람직한 행동 특성이나 안정적으로 행동으로 발휘되는 특성들을 의미한다. 이러한 역량을 잘 발휘하기 위해서는 해당 역량의 기초가 되는 지식이나 기능 등의 직무 수행 능력이 잘 갖추어져 있어야 한다.

따라서 자기 개발 계획을 수립할 때에는 자신이 부족한 역량을 향상시키는데 필요한 기본적인 능력을 개발시키는 방법을 구체화할 필요가 있다. 역량 개발 계획을 세울 때에는 가장 먼저 역량 확보에 기초가 되는 지식, 기술 등과 같은 능력적 요소를 파악해야 한다. 그렇지 않으면 구체적으로 개발하고자 하는 대상이 없는 성긴 내용이 되기 쉽기 때문이다.

그러므로 자신이 개발해야 할 능력 항목부터 정한 뒤에 능력 항목별로 목적 달성 여부를 판단할 목표 수준을 정하고 그에 맞는 역량 개발 계획을 수립한다. 이때, 가능하면 실천 가능한 자기 개발 계획을 주기별로 나누어 수치화한다. 이는 자기 개발을 하려고 마음먹은 처음 며칠이나 몇 주는 잘 지키지만 습관화가 되지 못해 점점 흐지부지되기 일쑤이기 때문이다.

예를 들어 매월 업무와 관련된 도서 목록을 만들어 책을 읽고 나면 업무에 적용할 수 있는 5건의 시사점을 도출해 본다든지, 일주일에 업무 관련 자료를 2개씩 스크랩하는 등 자기 개발 실천을 측정 가능하도록 수치화하여 정리한다. 그런 다음 일주일이나 한 달, 분기 등 주기별로 잘 실천

했는지를 체크해 본다. 별것 아닌 하찮은 행동이라고 여길 수도 있지만, 목표를 달성하기 위한 습관적 행동은 결국 나의 습관이 되고 역량으로 쌓인다.

위 세 가지 방법을 적용하여 역량 개발 계획을 수립한 이 대리의 사례를 보자. 이 대리는 일의 성과에 대해 스스로 품질을 평가하여 탁월하게 발휘할 수 있었던 역량과 부족한 역량이 무엇이었는지 도출해 냈다. 상당히 도전적인 수치였음에도 불구하고 최종 성과 목표 매출액 10억 원을 달성하고, 추가적으로 신제품 매출액을 극대화시킬 수 있었던 바탕에는 이 대리의 추진력이 큰 도움이 되었다.

반면, 충분한 데이터를 분석하지 못해 30대 남성 고객의 매출액 2억 원은 달성하지 못했고, 일을 처리하는 과정에서 시간제 인력 부족 문제와 물량 수급 문제가 발생했을 때 적절히 대응하지 못한 점은 부족한 역량으로 평가했다.

도표 7 | 스포츠 의류 매장 영업팀 이 대리의 '자기 역량 품질 평가' 사례

역량 품질	관련 역량	평가
매출 거래가 가장 많은 가정의 달인 5월과 연말인 12월에 선물용 제품을 구입하려는 고객을 집중 공략하여 일/주별로 목표를 설정해서 추진한 결과, 매출액의 50%를 신제품 매출액으로 달성함. 결국, 최종 성과 목표인 남성 의류 매출액 10억 원에 대한 목표를 달성해 냄으로써 스타 매장으로 선정되는 데 크게 기여할 수 있었음.	목표추진력	양호
사전에 점장님과 스케치 페이퍼로 소통하여 점장님의 코칭을 반영한 결과, 목표한 40~50대 경량화 등산복 4억 원을 달성할 수 있었음. 그러나 구성원과 시간제 근로자들과의 소통 부족으로 5월에 인력 부족 문제가 발생하였음. 시간제 근로자 2명의 퇴사로 고객이 요청했던 주문과 A/S 6건이 누락되면서 고객 응대 만족도 저하를 야기함.	의사소통력	보통
디자인 강화 신제품의 경우, 예상 외의 매출액 증가로 인해 물량 수급 문제가 발생함. 물량 수급 문제는 고객 불편함으로 이어져 일부 고객이 본사 홈페이지에 서비스 불만족 글을 게시(3건)하였음. 갑작스러운 돌발 상황에 순발력을 발휘하여 적절히 응대하지 못한 결과라고 판단됨.	위기대응력	부족
20대 대상으로 할인 및 더블 마일리지 적립 프로모션 기획으로 인해 목표했던 성과인 3억 원보다 1억 원을 초과 달성하여 결국 매출액 4억 원을 달성할 수 있었음.	기획력	양호
기능성 트레이닝복의 경우, 최근 5년간 꾸준한 매출 증가로 인해 2억 원은 충분히 달성할 수 있을 것으로 예상했으나, 목표 미달성함. 이는 30대 고객 동향 파악과 정보 분석력이 부족했기 때문인 것으로 판단됨.	정보분석력	부족

이 대리는 자신이 평가한 결과를 바탕으로 개발이 필요한 역량들을 선정할 때 내년도 성과 목표를 달성하는 데 있어서 필요한 역량도 함께 고려했다. 사원과 같이 연차가 낮은 직장인의 경우에는 내년도 성과 목표를 달성하기 위해 필요한 역량이 무엇인지 파악하기 쉽지 않을 것이다. 부족한 역량은 일을 수행하는 과정에서 나타나기 때문에 아직 일에 대한 경험

이 부족한 직장인들은 파악이 어렵다. 적어도 2~3년 정도 직장생활 경험이 있는 직장인들은 도출이 가능하다.

아직 내년도 성과 목표에서 부족한 역량을 도출하는 것이 어렵다면 주로 자신이 평가한 역량 품질 평가 결과 위주의 선정을 일차적으로 실행해야 한다. 그리고 내년도 성과 목표와 관련하여 발휘해야 할 역량을 도출하는 부분은 상사로부터 조언을 듣고 반영하는 것이 바람직하다.

이 대리의 내년도 성과 목표에는 외국인을 대상으로 한 매출액이 반영된다. 올해 스타 매장으로 등극하면서 프로모션 기획에 대한 본사 지원이 많아져 다양한 프로모션으로 외국인 고객을 더욱 많이 유치할 생각이다. 이 대리의 매장은 서울 중심부에 위치해 있어 평소 외국인 고객의 방문이 잦고, 특히 중국인 관광객 수가 점점 증가하고 있는 부분이 기회 요인으로 작용했다.

그러나 이 대리는 영어와 중국어로 기능성 강화 제품을 상세히 설명하기 부족한 어학 능력의 상태이고, 현재 회사에는 외국인 고객 응대에 대한 매뉴얼이 따로 준비되지 않은 상태라 교육을 받기도 어렵다. 사전에 교육을 받지 않으면 일을 수행하기 어려워했던 이 대리는 교육을 받을 수 없는 상황이면 일하는 방법을 스스로 만들어 나가는 것도 매우 중요하기에 일하는 방식을 혁신해 보기로 했다.

따라서 이 대리는 평소 기본 실력의 어학 능력을 강화하여 외국인 고객 응대 매뉴얼을 개발해 고객 응대 프로세스를 개선하고자 한다.

도표 8 | 스포츠 의류 매장 영업팀 이 대리의 '개발 필요 역량 선정' 사례

근거	개발 필요 역량	역량 정의
역량 품질 평가	의사소통력	자신의 의견을 명확하고 논리적으로 전달할 수 있으며, 특정 구성원뿐 아니라 동료와 상사, 후배 모두와 원활하고 효과적인 의사소통을 할 수 있음.
	위기대응력	예기치 못한 돌발 상황이 발생할 경우, 침착하고 신속하게 대응할 수 있는 순발력을 발휘하여 위기에 대응할 수 있음.
	정보분석력	성과 목표 달성에 필요한 정보가 무엇인지를 쉽게 파악하며, 현장 데이터 관리 및 분석력이 뛰어나 이를 고려하여 전략을 수립함.
내년도 성과 목표	변화혁신력	끊임없이 새로운 일을 하는 방법, 행동하는 방법, 사고하는 방법에 대해 고민하고 개선하며 자신의 역량을 향상시켜 궁극적으로 조직의 성과 목표 달성에 기여함.

이렇게 선정된 개발 필요 역량을 바탕으로 해당 역량을 개발하려면 어떠한 지식이나 스킬 등을 보완해야 하는지 분석해야 한다. 이 대리의 경우 목표나 전략 수립에 필요한 정보 수집은 뛰어난 반면, 수집한 정보들을 잘 분석하지 못하는 편이다. 따라서 중점적으로 개발해야 할 부분은 통계 분석 관련 지식이다.

통계 관련 지식을 어느 정도 수준까지 습득할 것인지 개발 목표 수준을 먼저 정하고 난 뒤에는 기간별로 개발 방법을 구체적으로 수립한다. 같은 방법으로 부족한 역량에 대한 개발 계획을 수립하면 된다.

도표 9 | 스포츠 의류 매장 영업팀 이 대리의 '자기 개발 계획 수립' 사례

구분	개발 필요 역량	필요한 지식, 스킬, 기술	개발 목표 수준	개발 방법
역량 품질 평가	의사소통력	공감 커뮤니케이션 스킬 (청, 정, 청, 문, 답)	시간제 근로자들과 면담(5건)	• 청정청문답 스킬을 이용하여 면담(월 1회, 1명 실시) • 근로자 1명당 업무 고충 1건 이상 파악하여 조직 문화 개선
	위기대응력	돌발 상황 시 업무 관리 스킬	중간 관리자 입문 과정 수료(90점)	• 온라인 강좌 '중간 관리자 입문 과정' 3개월간 수강(수료 점수 90점 이상 취득) • 일, 성과에 관련된 서적 5권 이상 완독
	정보분석력	통계 분석 관련 지식	통계 초급 과정 수료(90점)	• 온라인 통계 기초 과정 수강 (모의 데이터 분석 결과 해석 및 시뮬레이션 실행) • 5개 지점 고객 데이터 통계 패키지 시뮬레이션 실행, 시사점 도출 및 정리
내년도 성과 목표	변화혁신력	어학 능력 및 외국인 고객 응대 스킬	• OPIc AL 취득 • HSK 5급 취득 • 외국인 고객 응대 매뉴얼 개발 1건	• 사내 영어회화 스터디 모임 매주 1회 참석 • HSK 문제집 2권 풀고 시험 응시(매일 5장씩) • 중국인 고객 매출액 분석 및 시장조사 후 응대 매뉴얼 개발 1건

직장에서 역량을 개발할 때 중요한 포인트가 있다. 역량은 단순히 하루 이틀 반짝 열심히 한다고 해서 얻어지는 것이 아니다. 그리고 어쩌다가 한 번 교육을 받거나 경험을 한다고 갑자기 향상되는 것도 아니다. 우리는 오랜 시간 해당 업무를 수행하다 보면 자신의 실력이 쌓여 꾸준한 성과를 낼 수 있으리라 믿는데, 일을 빨리할 수 있는 요령이나 '기술'이 느는 것이라면 모를까, 역량은 그리 쉽게 축적되지 않는다. 시간과 일의 성

과가 비례하지 않듯, 시간과 자신의 성장도 비례하지 않는다. 역량이라고 하는 것은 장기간에 걸쳐 축적되며 실제로 행동으로 실천할 수 있어야 체질화될 수 있다는 점을 명심해야 한다.

팀원들은 팀의 전략을 실행하는 전략 실행 단위이다. 한정된 자원으로 팀의 전략을 효과적으로 실행하기 위해서는 팀원 개개인의 역량 수준이 중요할 수밖에 없다. 지금과 같은 고객 중심의 경영 환경에서는 고객 접점에 위치해 있는 팀원들이 고객의 요구 사항에 대해 얼마나 주도적으로 대응할 수 있느냐가 곧 팀의 성과로 이어지기 때문이다.

'지속적인 성과'를 창출하기 위해서는 '역량'이 선행되어야 하고, '역량'을 체질화해야 한다. 역량을 체질화하는 것은 상당히 힘들지만 제대로 된 절차대로 반복적으로 일하면 습관이 되고, 체질이 될 것이다. 시간이 들더라도 꾸준히 하는 것이 최선의 방법이다. 그것만이 실패하지 않는 길이다.

고민과 노력 없이 단기간에 얻은 것은 절대 자신의 것이 될 수 없다. 조금 힘이 들어도 오랜 시간 고민하여 어렵게 체득한 것이 진정한 '자신의 것'이다. 자신이 직접 공들여 쌓은 지식이나 경험, 역량은 수명도 길다.

04

상사에게 자질 평가를 받아라

자질은 인재상이다

우리는 지금까지 제대로 일하기 위한 방법을 살펴보았다. 처방 1에서는 어떻게 해야 자신이 만들어 낸 결과물이 고객인 상사에게 탁월한 상품으로 인정받게 되는지, 어떻게 성과 목표를 잘 설정하는지에 대해 살펴보았고, 처방 2에서는 실행 가능성을 높이기 위해 주기별로 목표를 세분화하고 변수별로 실행 방법을 수립하는 방법에 대해 고민해 보았다.

그리고 처방 3에서는 스스로 자신의 품질을 분석하고 평가하는 과정을 거쳤다. 자신이 이루어 낸 성과를 객관적으로 분석해 보며 미달성된 목표를 만회하기 위한 대책을 수립하고 보완해야 할 필요 역량이 무엇인지 도출하였다.

남아 있는 마지막 단계는 자신이 과연 직장에서 요구하는 자질을 갖춘 인재인지 상사로부터 평가받는 일이다. 상사로부터 자질을 평가받는다는 것은 '조직에서 자신에게 요구하는 인재상을 평가받는 것'이라고 이해하면 된다.

물론 자신이 조직에서 요구하는 인재상에 얼마나 부합하는지 스스로도 평가해 볼 수 있다. 그럼에도 반드시 상사에게 평가를 받아야 하는 이유는 무엇일까? 상사는 가장 가까이에서 자신에게 일을 요청하고 일의 진행 과정을 지켜본 고객이다. 고객인 상사가 일을 수행하는 주체인 당신에게 만족해야 지속적인 거래를 이어 갈 수 있고, 궁극적으로 직장과도 거래 관계를 유지할 수 있다.

또한 현재 진행하고 있는 역할도 중요하지만, 다음 프로젝트나 내년에 더 중요한 역할을 맡을 수 있다는 측면에서 상사로부터 올해의 성과를 창출하는 과정에서 드러난 행동에 대해 평가받고 피드백 받는 단계를 반드시 거쳐야 한다.

좋은 품질의 상품을 만들어 내려면 일과 관련된 역량도 중요하지만 그보다는 일을 수행하는 주체인 사람 자체의 자질과 관련된 역량이 더욱 중요하다. 따라서 자질을 키우기 위해서는 상사가 보기에 부족한 부분이 무엇인지 정확하게 파악한 뒤에 매우 구체적으로 역량을 개발해야 한다.

더 뛰어난 성과를 만들어 낼 수 있는 역량을 갖추기 위한 과정을 상사가 지켜봄으로써 결국에는 더 큰 역할을 수행할 수 있는 기회가 생길 수도 있다. 이는 당신은 물론, 상사에게도 좋은 일이다.

조직은 모든 구성원이 자신의 역할을 잘 수행할 수 있도록 성장하여 지속적으로 더 나은 성과를 창출하기를 바란다. 함께 일하는 구성원들의 역량이 뒷받침되지 않으면 상사는 구성원들에게 제대로 권한위임(Delegation)을 하지 못한다. 그렇게 되면 구성원이 중·장기적이고 전략적인 역할 수행을 할 수 없기 때문에 상사가 끊임없이 구성원을 육성해야 하는 책임을 짊어지게 된다.

많은 구성원이 상사가 자신의 역량을 키워 주지 않는다며 불만을 쏟아 내곤 한다. 예를 들어 일을 하다 보면 다소 도전적이고 어려운 일이라 해도 자신이 꼭 해 보고 싶은 일이 생기곤 한다. 상사가 내게 그 일을 맡겨 주었으면 좋겠는데, 번번이 다른 사람에게만 일을 준다면 불만이 쌓일 수밖에 없다. 그런 경우, 당사자는 인정받지 못하고 있다는 기분에 억울해지기도 하고, 자신이 그 일을 맡으면 훨씬 잘할 수 있는데 상사가 자신을 믿지 못한다거나 역량을 제대로 파악하고 있지 못하다고 생각하며 상사에게 불만을 갖기 쉽다.

하지만 상사가 왜 그 일을 자신이 아닌 다른 사람에게 맡겼는지 입장을 바꿔 생각해 볼 필요가 있다. 똑같은 일이 주어져도 누가 했느냐에 따라 결과는 확연하게 달라진다. 뛰어난 성과로 만들어 내는 사람이 있는가 하면 그저 그런 결과로 끝내는 사람이 있다. 그렇다면 일을 요청하는 상사의 입장에서는 어떠한 결과를 내는 사람에게 그 일을 맡기게 될까?

상사는 당연히 그 일을 제대로 완수하여 성과를 낼 수 있는 사람에게 일을 맡긴다. 만약 자신이 원하는 일을 할 수 있는 기회가 오지 않고 다른 사람에게만 간다면, 상사에게 자신이 그 일을 완수해 낼 것이라는 신뢰를 주지 못했기 때문일 수도 있다.

그리고 중요한 이유가 한 가지 더 있다. 만약 당신이 그 일을 맡으면 충분히 성과를 낼 수 있었던 일임에도 당신에게 그 역할을 부여하지 않는다면, 당신의 '자질' 때문이었을 가능성이 크다.

'나'라는 존재가 인정받지 못하면, 자신이 만든 '성과물'도 인정받지 못한다. 자신의 평소 행동에 따라 성과가 좌우될 수도 있다는 의미이다. 상사가 당신을 평가할 때는 오로지 일의 양이나 질만을 기준으로 판단하지는 않는다.

우리나라 직장에서는 비록 성과는 낮지만 평소에 성실하고 인간성이 좋다고 소문난 구성원이 성과는 탁월하지만 종종 사고를 치는 구성원보다 높은 점수를 받는 경우가 많다. 그만큼 평소에 하는 행동이 탐탁지 않으면 아무리 일을 잘해도 그 성과를 제대로 인정받지 못한다. 그러므로 상사로부터 '일을 참 잘한다.'라는 인정을 받고 싶다면 성과도 중요하지만 평상시에 일하는 태도도 중요하게 생각해야 한다.

그런 점에서는 시장에서 생산자로서 소비자를 대하는 기업도 마찬가지이다. 기업이 소비자들에게 판매하는 상품의 품질과 가격이 좋다고 해서 소비자들이 찾는 것은 아니다. 그 기업이 평소에 사회적 구성원의 일원으로서 친환경적으로 경영하는지, 사회적 책임과 공헌을 제대로 하고 있는지, 올바른 경영 철학과 경영 시스템으로 경영하고 있는지, 구성원들에게 인간적인 대우와 공정한 처우를 하는지 등 소위 '경영 품질'에 대한 검증을 통과해야 소비자들이 좋은 기업으로 인정하고 지속적으로 거래를 한다.

기업이 단순히 제품만 잘 만들면 된다는 근시안적인 생각으로 경영을 하면 안 되듯이, 기업의 구성원들도 조직에서 요구하는 일만 잘하면 되는 것 아니냐는 1차원적인 생각을 뛰어넘어 직장에 대한 철학이나 평상시의 행동이 고객인 상사나 조직에 호감을 주어야 오랫동안 같이 일하고 싶어 한다.

일의 결과물은 목표 대비 성과로 측정된다. 우리가 목표를 설정할 때에 이미 객관적인 수치로 기준을 잡았기 때문에 자신의 성과를 평가할 때에는 결과물과 목표를 비교하면 되므로 상대적으로 객관적인 평가가 가능하다. 그러나 일하는 과정에서 자신이 어떠한 행동이나 태도를 보였는지 그리고 그러한 행동과 태도가 상사나 동료들에게 좋은 영향을 미쳤는지 명확하게 평가해 보기 어렵다. 상사와 구성원 간에는 서로를 보는 위치와 관점이 다르기 때문에 얼마든지 불만과 오해가 생길 수 있다.

여기에서 강조하고자 하는 것은 바로 결과를 만들어 내는 '과정'이다. 실제로 현장에서는 일의 결과 말고도 과정상에서 다방면으로 구성원들을 평가하게 된다. 'Plan-Do-See' 단계 중에서 'See 단계'에서 실행하는 평가는 직무 수행 결과만을 놓고 목표 대비 결과를 객관적으로 평가하는 '직무 수행 평가'도 있지만, 'Plan-Do-See'의 전체 프로세스를 실행함에 있어서 각 단계별로 어떠한 역량을 발휘했는지를 상사가 관찰 기록을 통해 실시하는 주관적인 '자질 평가', 즉 '인재상 평가'도 있다. 따라서 상사로부터 자질 평가를 받으라는 것은 곧 직무 수행자로서 올바른 역량을 갖추고 있는지 '인재상'을 평가받으라는 의미이다.

자질에 해당하는 인재상이란 구체적으로 어떤 의미일까? 예를 들면, 학교에서는 학생들의 생활 기록부를 작성할 때 학업 성적만 고려하는 것이 아니라 출결 사항, 교·내외 활동, 수상 경력 등 다양한 항목을 종합하여 기록한다. 열심히 공부한 결과물이 시험 성적이고, 교내에서 학생으로서 갖추어야 할 생활 태도나 출결 사항, 교·내외 활동 등이 학교에서 요구하는 인재상이며 학생의 자질인 것이다.

공부만 잘하는 학생보다는 근면 성실하고, 예의 바르며 교내 활동뿐 아니라 봉사활동 등을 통해 다양한 자질을 갖춘 학생이 더 인정받는다. 대학에서도 학생들의 자질이나 학교에서 필요로 하는 인재상을 중요하게 생각하여 신입생들을 선발할 때 점점 내신 성적의 비중을 높이고 있는 추세이다. 성적이라는 결과만큼이나 과정도 중요하게 여기는 것이다.

직장도 마찬가지이다. 직장인에게는 일의 결과물이 성적이며, 일을 하기 위한 필요 자격 요건인 지식, 스킬, 경험 등과 같은 능력 그리고 직위별·직책별로 갖추어야 할 역량 등이 직장인으로서의 자질이 된다. 보통 직장에서는 이러한 것들을 인재상이라고 하여 정리해 놓고 있다.

그리고 인재상을 좀 더 구체화하여 역량 모델이라고 해서 아주 구체적으로 필요로 하는 행동 기준을 정리해 놓은 것을 볼 수 있다. 기업에서는 제품만 잘 만들어 낸다고 해서 모든 과정이 끝나는 것이 아니다. 잠재 고객이 있는 시장에서 그 제품을 홍보할 마케팅과 영업의 역할이 유기적으로 동반되어야 한다. 즉 고객이 제품을 구매할 수 있도록 영업을 잘하는 자세도 필요하다.

마찬가지로 상사가 요청한 일을 완수해 내는 것만으로 모든 과정이 끝나는 것이 아니다. 자신의 역량을 인정받고 싶다면 성과 외에 사람 그 자체, 인간성, 표정, 눈빛, 말투, 행동 등을 포함한 직장에서 요구하는 인재상이 뒷받침되어야 한다. 훌륭한 직장인은 자신이 수행할 업무를 제대로 하는 것뿐 아니라, 조직에서 자기 자신에게 요구하는 자질이나 인재상도 가치 있게 잘 가꾼다.

제아무리 역량이 출중하고 훌륭한 성과를 거둔 사람이라 해도 해당 직장에서 직위별·직책별로 차별화되게 요구하는 인재상에 부합하는 행동과 태도를 보여 주지 못하면 자신이 원하는 거래 관계를 지속적으로 이어가기가 어렵다. 직장에서 상사로부터 제대로 자질을 인정받으려면 조직과 상사가 어떠한 자질을 중요하게 생각하는지 인재상부터 정확하게 이해하고 있어야 한다.

상사가 구성원의 자질을 평가할 때 핵심이 되는 기준은 크게 세 가지로 분류할 수 있다.

- **공통 역량** – 조직의 전체 구성원들에게 공통적으로 요구되는 핵심 인재상
- **역할 역량** – 직책 보임자인지, 비직책자인지에 따라 다르게 요구되는 역량
- **직무 역량** – 각각의 직무에서 성과를 창출하는 데에 직접적으로 연관된 역량

위의 세 가지 사항을 어느 정도 수준으로 발휘하느냐에 따라서 구성원이 평가된다. 즉 공통 역량, 역할 역량, 직무 역량을 일을 하는 과정에서 얼마나 체질화하여 발휘하고 있느냐를 기준으로 자질을 평가한다. 그러니 자신이 원하는 일을 상사가 맡겨 주지 않는다고 상사를 탓하기 전에 자신의 자질에 부족함이 있는 것은 아닌가를 반성할 필요가 있고 반성의 대상은 바로 자질 즉 조직에서 요구하는 '인재상'이라는 점을 명심해야

도표 10 | '자질 평가'의 핵심 기준 세 가지

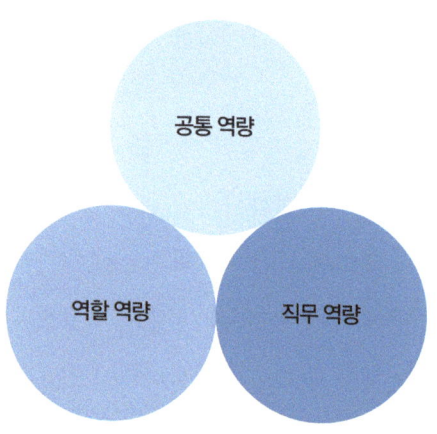

한다.

자질을 평가할 때 핵심이 되는 세 가지 기준을 바탕으로 상사가 어느 정도의 수준을 원하는가에 대해 구체적으로 피드백 받는 것이 바람직하다. 이때 명심해야 할 점은 상사로부터 평가를 얼마나 구체적이고 정확하게 받느냐 하는 것은 자신이 그 일에 대한 소명의식이 어느 정도이냐에 따라 확연하게 달라지기도 한다는 것이다.

자신이 일을 통해 자신의 고객인 조직에 기여하고자 하는 것, 즉 소명이나 사명이 구체적이면 자신의 역할 수행에 헌신하게 되며 몰입하게 된다. 이와 같이 일에 대한 소명의식과 사명감이 투철한 사람을 대충 평가하고 피드백하는 상사는 거의 없을 것이다.

자신이 맡은 일이 좋은 품질의 상품이 되려면 어떻게 일을 해야 하는가에 대한 고민도 필요하고 자신의 부족한 부분을 끊임없이 발견하고 더 나

은 방향으로 개선할 수 있도록 노력해야 한다. 또한 그 일을 하는 주체인 자신의 '사람 품질'인 자질 수준에 대해 구체적으로 진단받고 미흡한 부분을 채우기 위해 노력해야 한다.

그렇다면 앞으로 상사에게 자질을 제대로 평가받으려면 어떻게 해야 할까?

첫째, 공통 역량과 역할 역량에 대해 자질 평가를 받아라

공통 역량은 조직에서 모든 구성원에게 공통적으로 요구하는 핵심 가치와 관련된 행동 기준이다. 조직이 사훈이나 핵심 가치를 바탕으로 모든 구성원이 행동하기를 바라는 인재상의 행동 규범적 역량을 의미한다. 각 조직마다 모든 구성원에게 공통적으로 행동해야 할 기본 역량이 있다. 매년 경영 환경에 따라 CEO가 중요하게 생각하는 메시지나 키워드 역시 공통 역량에 해당한다고 볼 수 있다.

역할 역량은 조직에서 자신의 역할에 따라 요구되는 역량을 의미한다. 직책 수행자들에게는 직책을 제대로 수행하기 위해 필요한 목표 제시, 코칭, 평가 피드백 등과 같은 역량을 요구한다. 반면에 실무자에게는 상사로부터 부여받은 일을 능력을 바탕으로 발휘해야 할 역량을 별도로 정하는데, 상사 마케팅 역량, 실행 전략 수립 역량, 커뮤니케이션 역량, 자기주도 실행 역량 등이 해당한다.

조직에서 전체 구성원에게 공통적으로 요구하는 공통 역량과 역할 역량을 자신이 실제로 어느 정도 구체적인 행동으로 구현하고 있는가에 대해 상사로부터 피드백을 받고 향후 어느 수준이 되어야 하는가에 대해 의

견을 듣는 것이 자신의 품질 수준이 어느 정도인지, 자신의 가치가 어느 정도인지 정확하게 알 수 있는 방법이다.

둘째, 직무 역량에 대해 자질 평가를 받아라

앞서 처방 3의 '필요 역량을 개발하라'에서 자신이 일을 수행하는 과정에서 탁월한 역량을 발휘한 부분과 부족한 부분을 평가하여 역량 개발 계획을 세운 바 있다. 이것을 혼자만 작성한 채 끝내지 말고 자신의 'As-Is'와 'To-Be'의 모습이 어떠한지에 대해 상사와 공유해야 한다.

'As-Is' 없이는 'To-Be'도 없다. 현재의 상태가 어떤지 정확히 파악해야 앞으로 어떻게 성장해 나갈 것인지에 대한 방향과 목적지가 결정된다. 우리가 궁극적으로 변화하고자 하는 모습인 To-Be가 되기 위해서는 현재와 미래 두 곳 모두 정확하게 인지하고 판단할 수 있는 눈이 필요하다. 출발할 때의 모습(As-Is)을 바탕으로 상사의 요구 사항을 충족시키기 위해 미래에 어떠한 모습(To-Be)이 되어야 하는가에 대해 스스로 자기 평가를 하고 상사에게 코칭을 요청하도록 한다.

다시 한 번 강조하지만, 상사에게 자질 평가를 요청하는 이유는 자신이 하는 일의 대부분을 요청한 사람이 고객인 상사이기 때문이다. 그러므로 자신이 하는 일에서 성과나 역량에 대한 핵심을 가장 잘 짚어 낼 수 있는 사람은 바로 상사이다. 그 일에 대한 전체적인 숲을 꿰뚫어 보는 통찰력이나 직관력은 실무자인 당신보다 상사가 더욱 뛰어날 수 있다. 그렇다고 무작정 찾아가서 하나부터 열까지 모든 내용을 다 가르쳐 달라는 식으로 부탁해서는 안 된다. 상사로부터 자질을 평가받고 코칭을 받는 데에도 요령이 필요하다.

현재의 부족한 자질을 보완하고 내년도의 성과를 달성하기 위해 필요한 역량을 어떻게 개발할 것인지에 대해 구체적으로 고민한 다음 상사에게 피드백을 받는다. 상사는 내가 파악하지 못했던 부족한 역량이 무엇인지 알려 주고, 이를 어떻게 채울 수 있는지 방법을 조언해 줄 것이다.

셋째, 보완해야 할 자질을 개발할 방법을 세워라

상사로부터 공통 역량, 역할 역량, 직무 역량에 대한 자질 평가를 받았다면, 앞으로 그것을 어떻게 개발할 것인지 방법을 세워야 한다. 직무에 대한 부분은 사전에 역량 개발 계획을 통해 어느 정도 부족한 역량은 파악했지만, 공통이나 역할은 상사가 일하는 과정을 통해 세심히 짚어 주지 않으면 본인은 미처 깨닫지 못하는 경우가 많다.

자신이 작성한 역량 개발 계획은 상사의 피드백으로 수정하도록 하고, 공통 역량과 역할 역량에 대한 개발 계획은 자기 개발 계획과 동일하게 개발 목표 수준을 정하고 연간, 분기, 월간 단위로 세분화하여 개발 방법을 수립한다.

이때 상사나 조직이 어떤 지원을 해 주면 좋을지 지원 요청 사항도 함께 기록하는 것이 좋다. 역량을 개발하는 과정에서 장애가 되는 요인, 예컨대 예산이나 시간 등을 상사와 사전에 협의해야만 불필요한 마찰과 자원 낭비를 방지할 수 있다.

중요한 것은 내가 만들어 내는 성과 목표에 원가 의식을 가져야 한다는 점이다. 무턱대고 이것저것을 다 지원해 달라고 하지 말아야 한다. 조직에서는 모든 시간이 비용으로 환산된다. 내가 하고 있는 일이 지지부진하게 늘어지거나 제대로 마무리가 되지 않으면 다른 일에 투여할 수 있었던 시간과 노력 등의 '기회비용'이 추가로 투여되어야 한다. 그렇기 때문에 시간을 단축하거나 예정한 기한에 일을 최대한 효율적으로 끝내기 위한 관점에서 상사에게 지원 사항을 요청한다.

미달성된 요소의 만회 대책까지 잘 수립한 이 대리는 스스로 결과에 대한 평가가 끝난 뒤에 마지막으로 자신의 상사인 점장에게 평가를 받았다. 평소 스케치 페이퍼로 상사들과의 소통이 원활한 이 대리는 자신이 평가한 결과와 점장이 평가한 결과의 차이가 많지 않길 바라면서 평가를 요청했다.

학창 시절부터 어떠한 일을 할 때 큰 그림을 그려 보고 이에 따른 세부 계획을 수립했던 이 대리의 습관은 일을 하기 전에 조감도를 그리고 구성 요소별로 전략과 방법을 수립하는 데 탁월한 모습을 보여 주었다. 따라서 이 대리가 평가한 것처럼 점장의 평가 또한 좋았다.

이 대리는 연초에 수립한 성과 목표를 달성하기 위해 점장과 시기적절하게 지속적으로 소통하였으며 새로운 전략과 방법 실행으로 최종 성과 목표를 달성한 부분에서 가장 좋은 점수를 받았다. 점장은 직무에 관련해서는 특히 내년도 성과 목표를 반영한 변화 혁신력을 좀 더 집중하여 개발해 보라는 피드백을 해 주었다.

그런데 이 대리의 생각과 달리 점장은 역량은 출중한 반면, 실무자로서의 자질은 부족하다고 평가했다. 이 대리는 노력도 많이 하고 실행도 제대로 하지만, 업무를 수행하는 태도에 있어서는 아쉬운 점이 많았다. 열정도 많고 일을 시키지 않아도 찾아서 해내는 이 대리는 항상 분주하고, 옷차림새에서 젠틀한 모습을 보기 어려웠다. 매장에서는 고객을 직접 응대하기 때문에 무엇보다 깔끔한 차림새로 고객을 만나는 것이 중요하다. 직원들이 깔끔한 용모를 하고 있으면 고객들의 신뢰감은 더욱 커지고 매장의 전체 이미지를 긍정적으로 평가하는 효과가 있다. 따라서 점장은 고객 응대력 중에서 특히 이미지 관리에 힘쓸 것을 요구했다.

또한 이 대리는 통화하는 시간, 문자메시지를 보내는 시간이 많아 자리를 비울 때가 매우 잦았다. 물론 이 대리는 일을 시행하기 전이나 일을 실행하는 중간중간에 점장에게 보고를 잘하여 소통이 원활한 편이다. 하지만 점장이 긴급하게 요청할 일이 있어 이 대리를 찾으면 자리에 없는 경우가 많아 일이 빠르게 진행되지 못했다. 매출액이 가장 높았던 5월과 12월에 이 대리가 부재중이어서 업무 오류가 2건이 발생하기도 했다.

따라서 이 대리가 사전에 선정한 직무 역량과 더불어 점장이 선정한 역할 역량인 고객 응대력과 시간 관리력, 스포츠 의류 회사 전체의 공통 역량인 창의적 사고에 대한 개발 방법을 추가적으로 수립했다.

상사가 원하는 결과물을 내기 위해서는 일만 잘해서는 곤란하다. 많은 직장인이 느끼고 있는 바일 것이다. 상사는 내가 생각하고 있는 것 이상으로 나의 모든 것을 관찰한다. 일의 결과뿐 아니라 대인관계 역량, 상사와의 소통 역량, 업무 태도, 평상시 옷차림새 등 모든 것을 고려한다. 능력은 기본이고 역량이 출중하여 일을 잘 해낸다고 하더라도 자질이 받쳐 주지 않으면 좋은 평가를 받기 어렵다. 자질은 리더십, 팀워크 등 더 큰 역할

도표 11 | 스포츠 의류 매장 영업팀 이 대리의 '자질 평가' 사례

구분	개발 필요 역량	상사 자질 평가	상사 요구 수준	개발 방법	지원 요청 사항
공통 역량	창의적 사고	• 창의성을 바탕으로 한 프로모션 기획으로, 매출액의 50%는 신제품 매출액으로 달성함.	아이디어 1건	• 외국인 고객 대상 프로모션 기획 상품에 관한 아이디어 1건 제안	없음
역할 역량	고객 응대력	• 1대 1 고객 응대 시 상세한 제품 설명으로 이 대리가 응대하는 고객의 90% 이상은 제품을 구매함. • 그러나 복장 불량으로 고객들의 신뢰감 저하가 우려됨.	고객 응대 시 정장 착용	• 이미지 메이킹 온라인 과정 수료 • 고객 응대 시 정장 착용 • 서비스 관련 서적 2권 읽고 정리	없음
	시간 관리력	• 늘 분주하여 일하는 도중에는 소통이 어려움. 소통을 제때 하지 못해 업무 오류 2건 발생함. • 시간을 효과적으로 활용하여 업무 효율성을 높일 수 있기를 희망함.	시간 관리 노하우에 관한 레포트 1건	• 시간 관리에 관한 서적 3권 읽은 뒤 정리(1~3월 매월 1권씩) • 4월 사내 시간 관리 특강 참여	4/28 시간 관리 특강(2H) 참여 신청
직무 역량	변화 혁신력	• 평소 기본 이상의 어학 실력을 갖추었으므로 심화된 실력을 기대함. • 내년도 외국인 고객 대상 매출액 3억 원 달성을 위한 업무 프로세스를 혁신할 것을 요구함.	• OPc AL 취득 • HSK 5급 취득 • 외국인 고객 응대 매뉴얼 개발 1건	• 사내 영어회화 스터디 모임 매주 1회 참석 • HSK 문제집 2권 풀고 시험 응시(매일 5장씩) • 중국인 고객 매출액 분석 및 시장조사 후 응대 매뉴얼 1건 개발	매주 수요일 오후 근무 희망(사내 영어회화 스터디 참여)

과 책임을 맡을 수 있는가의 기준이 되기 때문에 일만 잘하면 된다는 생각을 버려야 한다.

자신의 노동의 대가로 받는 급여는 직장에서 돈이 많아서 그냥 주는 것이 아니다. 급여 이상의 가치를 해내야 받을 자격이 있다. 직장에서 떳떳하려면 자신이 1년 동안, 한 달 동안 그만큼의 기여를 했는지 냉정하게 판단해 볼 필요가 있다. 즉 몸값에 걸맞은 밥값을 했느냐를 냉정하게 따져 보라는 것이다. 조직이 자신을 먹여 살리는 것이 아니라, 자신이 조직을 먹여 살린다는 소명의식도 필요하다. 조직이 제대로 성장하지 않으면 자신도 성장할 수 없다. 이런 조직 지향적인 가치관과 열정을 가져야 한다.

중요한 것은 조직에서 얼마나 다른 사람들보다 편하게 일하느냐가 아니다. 일을 통해 자신의 역량을 얼마나 제대로 축적하느냐가 더욱 중요하다. 일을 통한 자기 가치의 실현이 진정한 일의 목적이라고 여긴다면 일을 대하는 태도가 달라질 것이다.

일이란 자신의 역량을 향상시켜 주고 존재의 목적을 추구하게 해 주는 실행 도구이다. 일을 한다는 것은 역량을 향상시킬 수 있는 방법을 터득하는 과정이자 자기 수련의 과정이다. 그렇기 때문에 나는 무엇보다도 직장인들이 일에 대한 욕심을 가지기를 바란다.

진정한 욕심을 부리려면 모르는 것에 대해 '해답'을 달라고 하지 말고 '원리'를 궁리해야 한다. 그 원리를 바탕으로 자신의 머리로 고민하여 해결할 줄 알아야 본인의 역량이 된다. '진정한 욕심'을 부린 만큼, 시간이 지나고 나면 역량이 눈에 띄게 축적된다. 그만큼 역량은 치열한 삶의 방식을 정신과 몸으로 터득하는 것이다. 그러니 죽을힘을 다해 자신이 하고 있는 일에 미치는 수밖에 다른 도리가 없다.

일을 공부하는 과정을 통해 얻을 수 있는 가장 중요한 기대 효과는 무엇보다도 자신의 역량이 성장하고 발전한다는 것이다. 자신이 얼마나 많은 능력을 보유하고 있는가보다 성과 창출을 위해 역량을 얼마나 제대로 발휘하느냐가 훨씬 중요하다.

자신의 역량이 다양해지고 개발되는 만큼 지속적이고 반복적으로 탁월한 성과를 창출할 수 있게 되고 자신의 제1 고객인 상사로부터 인정받고 신뢰받는 직장인이 된다. 그것은 자신이 일을 통해 성과 창출을 하는 데 동기유발이 되며 다시 역량에서 탁월한 성과로 이어지는 선순환 구조를 이끌어 낸다.

에필로그

당연한 일을
철저하게 하라

'당연한 일'은 일을 하기 전에 목표를 설정하여 전략과 실행 계획을 수립하고 주기별로 캐스케이딩하여 실행한 후에 성과에 대한 평가와 피드백을 하는 것이다. '철저하게 하는 것'은 매뉴얼대로 프로세스에 따라 적확(的確)하게 실행하는 것이다.

공장에서 제품을 생산하려면, 완성될 제품이 무엇인지 정확하게 알아야 한다. 그래야 설계도면을 그릴 수 있고 제품에 맞는 원부자재를 구매할 수 있기 때문이다. 공정 과정을 거쳐 생산된 제품은 엄격한 품질 기준을 통과해야 고객과 거래할 수 있는 상품이 된다. 이러한 일련의 과정은 정형화된 프로세스에 극도의 정확성을 바탕으로 표준화와 효율성을 최적화 하는 것이 핵심이다.

만약 공정 과정에서 작은 문제가 발생하게 되면 제품의 불량으로 이어지고, 불량이 발생하면 크든 작든 기업에서는 손해를 보게 된다. 원가 상승에 대한 문제가 될 수도 있고, 생산 일정을 맞추지 못하여 고객이 거래를 거부할 수도 있기 때문이다. 그래서 제품을 생산하는 공정 과정에서 실수가 일어나지 않도록 철저하게 일해야 한다.

제품의 품질에만 불량이 있는 것이 아니다. 직장에서 일어나는 모든 '일'에서도 '업무 불량'은 얼마든지 일어나고 있다. 재작업, 업무 일정 지연, 목표 대비 성과 미달성 등의 이유로 수시로 '업무 불량'이 발생한다. 하지만 대부분의 직장인은 제품 불량에 대해서는 목표를 세우고 아주 치밀하게 관리하지만, 일상적인 업무를 수행하는 과정에서 발생하는 업무 불량에 대해서는 민감해 하거나 이를 개선하고자 하는 노력을 잘 하지 않는다. 우리가 알게 모르게 무시하고 있는 업무 불량은 우리가 생각하는 것보다 훨씬 크게 조직의 생산성과 이익에 악영향을 미친다는 사실을 알아야 한다.

사서의 하나인《중용》23장에 이런 말이 나온다.

작은 일도 무시하지 않고 최선을 다해야 한다. 작은 일에도 최선을 다하면 정성스럽게 된다. 정성스럽게 되면 겉에 배어 나오고, 겉에 배어 나오면 겉으로 드러나고, 겉으로 드러나면 이내 밝아지고, 밝아지면 남을 감동시키고, 남을 감동시키면 이내 변하게 되고, 변하면 생육된다. 그러니 오직 세상에서 지극히 정성을 다하는 사람만이 나와 세상을 변하게 할 수 있는 것이다.

 우리는 이 가르침을 놓쳐서는 안 된다. 우리가 하고 있는 '일'은 고객인 직장과 거래하는 '상품'이다. 상품은 상품성이 있어야 팔린다. 상품성이라 하면, 품질이 좋고 원가가 싸고 납기일 안에 모든 서비스를 충족시킬 수 있어야 한다. 만약 일을 하는 과정 중에 작은 실수나 무관심으로 대충 일을 하게 되면 상품성은 완벽해질 수 없다.

 상품이 만들어지기까지의 과정에서 중요하지 않은 일과 의미 없는 일은 존재하지 않는다. 어느 하나가 그냥 아무렇게나 이루어지는 것이 아니다. 일하는 사람으로서 당연히 해야 할 일도 철저하게 할 줄 알아야 한다. 당연한 일을 하기 전에는 일하는 목적이 무엇인지 사전에 일의 결과물을 그려 보고, 목표를 달성하기 위한 전략과 방법들을 구체적으로 구상해 보아야 한다.

 여기에 상사의 의도와 목적이 제대로 반영이 되었는지, 마감 기한은 지켰는지, 수립한 실행 계획대로 일이 잘 진행되었는지에 대해 스스로 엄격하게 평가하고 피드백 단계를 거쳐야 한다. 이는 상품이 만들어지는 기본적인 프로세스이다.

 우리가 직장에서 일을 한다는 것은 결국 우리가 만들어 낸 상품을 파는 것이다. 지속적으로 상품의 가치를 높여야 수요 또한 높아진다. 고객의 요구 사항을 제대로 반영하여 끊임없이 역량 개발을 함으로써 상품의 질을 높이는 것이 직장인들의 가장 큰 경쟁력이 될 것이다.

앞으로 여러분들이 자신의 입장에서 편하게, 대충 일을 처리하는 것이 아니라, 일과 직장에 대한 개념과 본질을 명확하게 이해하고 자신과 거래 관계에 있는 상사가 원하는 상품을 지속적·반복적으로 만들어 낼 수 있기를 바란다.